無의 향기

장석열 시집

오늘의문학사

無의 향기

장석열 시집

서문

목사에게 주어진 최대의 특권 사명은 예수의 폭넓은 사랑을 전달하는 것이다. 천문, 지리, 역사, 논리, 과학, 수사학, 철학 모두 필요하나 내게 가장 귀한 것은 30년 동안 성서였다.

'위편삼절(韋編三絶)'이란 공자님의 말씀이 생각난다. 가죽으로 제책되어 있는 책을 3번이나 끊어지도록 열심히 독서하였다니, 오늘에까지 그 이름과 철학적 영향을 끼치는 게 아닌가.

내 방식으로 성경 두 권을 걸레가 되도록 만들며 구태의연한 교리에서 탈출하게 되었다. 예수는 사랑하되 교인은 아니고, 부처님은 사랑하되 불교인이 아닌 것이다. 어느 날 나는 피상적으로, 실제적으로 종교적 에뜨랑제가 되어 있음을 언뜻 보았다.

영화 제목을 인용하긴 했지만, 내 작품 「쇼생크 탈출」이란 시가 그러한 심정에서 쓰여진 일기라 하겠다. 「헛소리 다큐」나 「오늘의 신화」는 나의 정신과 영혼의 위상을 변주곡으로나마 표출해 보려 안간힘을 쓴 작품들이다.

그렇지만, 나의 붓은 신들린 춤꾼은 되지 못하고, 언더그라운드에서 계속 방황할 것 같다. 글을 충격적이거나 아름답게 쓴다는 것은 내면의 자신감과는 또 다른 천부적인 연금술에 해당하는 것 같다.

읽어 줄 사람이 있을지 알 수 없으나, 마음의 여유가 있어서 책으로 묶어 남기려 한다. 수천 편의 일기 중에서 절실했던 기억들만 모았다. 격려는 기대하지 않으나 내 나름으로는 매너리즘(Mannerism)에서 탈피하여 자유의 현수막을 들고 부르던 노래임을 부끄러워하지 않는다.
 늘 〈문학사랑〉에 감사하고, 원고 손질에 정성을 쏟아준 유미경 선생에게 고마운 뜻을 전한다.

2005년 9월 14일
좁은 길 가는 사람 法山 장석열

無의 향기 · 차례

서문 ··· 12

제1부 꽃잎 지던 밤

무적공애(無敵空愛) ······························ 21
쇠가죽 ··· 22
인간(人間) 예수 진인(眞人)의 도(道) ········ 23
생명(生命)의 불씨 하나 ························ 24
맹세 허물던 날 ·································· 25
설화(雪花) ·· 26
칸나 ·· 27
이별 ·· 28
꽃잎 지던 밤 ····································· 29
프리랜서 ·· 30
사랑이란 것들 ··································· 31
참사랑이란? ······································ 32
함소스님 ·· 33
변주곡 ··· 34
일우(一雨) 스님에게 ···························· 36
편지 한 통 ·· 37
함소(含笑)대사에게 ····························· 38
법풍(法風)대사에게 ····························· 39
비풍(悲風) · 1 ··································· 40
비풍(悲風) · 2 ··································· 41
비풍(悲風) · 3 ··································· 42
비풍찬가(悲風讚歌) ····························· 43

사미인곡(思美人曲) ……………………………… 44
귀향·1 …………………………………………… 45
보선스님께 ……………………………………… 46
법산(法山)에게 법산(法山)이 ………………… 47
아버지 …………………………………………… 48
안개 ……………………………………………… 49
우리의 향연(饗宴) ……………………………… 50
어떤 일기 ………………………………………… 51
임동창 선생 ……………………………………… 52
나의 사랑 나의 신부 …………………………… 53
왕따당한 자의 묵시록 ………………………… 54
산다는 것 ………………………………………… 55
콩과 꽁깍지 ……………………………………… 56

제2부 민들레 명상 시

민들레 명상 시·1 ……………………………… 59
민들레 명상 시·2 ……………………………… 61
민들레 명상 시·3 ……………………………… 64
민들레 명상 시·4 ……………………………… 67
민들레 명상 시·5 ……………………………… 70
진리(眞理) ……………………………………… 72
재회 ……………………………………………… 73
최선의 길 ………………………………………… 74
불타(佛陀)의 게송 ……………………………… 75
해후 ……………………………………………… 78
돌고지 산방일기 ………………………………… 79

15

월하망아(月下望娥)·1 ················· 80
월하망아(月下望娥)·2 ················· 81
낙엽 ···································· 82
쇼생크탈출 ···························· 83
무(無)의 향기·1 ····················· 84
무(無)의 향기·2 ····················· 85
동설난(冬雪蘭) 앞에서 ············· 86
수용 ···································· 87
금강(錦江)의 소나타 ················ 88
이별 아닌 이별 노래 ················ 89
코스모스 ······························ 90
침묵의 금강(錦江) ··················· 91
황천길 ································· 92
월광곡 ································· 93
벗을 기다리며 ························ 94
연가(戀歌) ···························· 95
비망록(備忘錄) ······················· 96
인연(因緣) ···························· 97
내출혈 ································· 98

제3부 사랑의 병

밤의 상념(想念) ···················· 101
사랑의 병·1 ························ 102
사랑의 병·2 ························ 103
사랑의 병·3 ························ 104
사랑의 병·4 ························ 105
사랑의 병·5 ························ 106

사랑의 병 · 6 ·· 107
사랑의 병 · 7 ·· 108
사랑의 병 · 8 ·· 109
사랑의 병 · 9 ·· 110
사랑의 병 · 10 ·· 111
사랑의 병 · 11 ·· 113
사랑의 병 · 12 ·· 114
사랑의 병 · 13 ·· 115
사랑의 병 · 14 ·· 116
사랑의 병 · 15 ·· 117
사랑의 병 · 16 ·· 118
사랑의 병 · 17 ·· 119
사랑의 병 · 18 ·· 120
사랑의 병 · 19 ·· 121
사랑의 병 · 20 ·· 122

제4부 장바고 선생에게

늦가을 연가 ·· 125
낙숫돌 · 1 ··· 126
낙숫물 2 ··· 127
마하무드라의 Song ··· 128
개천(開天) ·· 129
장바고 선생에게 ··· 130
2000년 10월 4일 일기 ···································· 131
법산(法山) 언경(言經) ···································· 132
민들레 명상원(冥想院) ···································· 134

無의 향기 · 차례

산중일기(山中日記) ················· 135
슈나=공(空) ······················ 136
귀향(歸鄕) · 2 ···················· 137
자유(自由) ······················· 138
조화 ···························· 139
나는 킬리만자로의 표범 ············ 140
입동(立冬) 지나는 밤의 상념(想念) ··· 141
창조적 삶 ······················· 142
새벽을 여는 나만의 Narcissism ······ 143
성자(聖者)는 특별하지 않다 ········· 144
꿈속에서 지은 일우스님과 나의 노래 ·· 145
아버지의 사랑 ···················· 146
무언자(無言者) ···················· 147
헛소리 · 1 ······················· 148
헛소리 · 2 ······················· 149
헛소리 · 3 ······················· 150
피안(彼岸) 길 ···················· 151
광상곡(狂想曲) ···················· 153
오늘의 신화 ······················ 155

- 발문 / 금강(錦江)에서 찾은 영혼의 눈빛 · 리헌석 · 157

제1부
꽃잎 지던 밤

무적공애 無敵空愛

심장은
독감환자의 발열보다 더 뜨거운데
머리는 시체보다도 차가웁다
눈은 텅 비워 고결하며,
귀는 언제나 새소식을 듣는다
모든 문자적 언어나 형식이 떨어져 나가고,
상대적 존재나 보이는 상^{象}들이 사그라지고,
악^{惡}도 선^{善}도 선 긋지 않는 불변, 불멸, 부동의 근원에 귀착하고
깨끗이 타락하고
깨끗이 병들고
깨끗이 치유된다
나의 존재 '오프닝멘트'가 어떻게 님들에게 공감을 줄 것인가?
무적공애는 우리 모두가 정복해야 할 영계^{靈界}의 에베레스트 정상…

— 새벽이슬, 96. 6. 6 재창간 제5호 中

쇠가죽

쇠가죽이랍니다
나의 이름은
불볕에 말린 쇠가죽
마광된 칼로도 자를 수 없습니다
나의 콧김은 오수입니다
나는 꽃을 먹고 독을 내며
사랑받고 저주를 내지요
될 대로 되라지요
나는 육천년 된 소금장아찌랍니다
복을 지어 개를 주고 빈 그릇 핥고
질투를 배웁니다
엄마는 여우님 아빠는 뱀
나는 쇠가죽이랍니다
나는 꽃을 싫어하는 천사지요
나는 미움받는 사명을 받고 태어났지요
나는 누구일까요?

인간^{人間} 예수 진인^{眞人}의 도^道

예수 그대는 마이너스를 플러스로
사람들이 그토록 탐내는 명예와 세욕을
휴지처럼 버리시고
영원히 빼앗기지 않는
세계^{世界}의 무상성 위에 오르셨습니다
당신은 한 가정에만 사랑을 경주하지 않으시고
넓은 세상과 전 생명^{生命}을 모두 사랑하시어
남녀노소 '선악귀천'이 다같이 숭배의 사랑을
바치게 되었습니다
사람마다 제일 소중히 여기는 생명^{生命}과 모든 재산을
애착 없이 버리므로 오랜 세상까지 크나큰 영광과
부^富를 누리십니다.
사람마다 자기의 안일과 향락 때문에
염려하고 아프고 병들고 싸우나
당신께서는 오히려
이 모든 것들을 초월 극복하시어
오히려 대중을 위하여 참으로 부^富하게 되는 비결을 가르치셨습니다
사람마다 내 가족, 내 형제만을 자기의 동족으로 알고 있을 때에
주여! 당신은 계한을 툭 터서 하나님을 아는 이가 곧, 형제요, 자매요, 모친이며 친족이라고 설하셨습니다
고로 우리는 진신^{眞神}이요 진인^{眞人}의 도^道를
배우지 않을 수 없습니다.

— 새벽이슬, 95. 7. 9. 재창간호 中

생명生命의 불씨 하나
— 억울한 자의 침묵에 부쳐

고운 뫼 비단강에 생명의 불씨 하나
외롭게 집혔더이다.

하늘 우러러 부끄럼 없이 소박한
꿈을 키워냈더이다

그 한 길 평생을 외지게
사도의 길을 걸었더이다.

말로써 글로써 우직하게 나무라며
눈물을 삼키는 침잠에로
애오라지 아픈 마음 다스리며
오늘에 우뚝 서서 주옥으로 펴내신 침묵이여.

이제, 이 세상 다 열고
넉넉한 마음
우리 앞에 쏟아
영원히 나부낄
푯말이여!

— 1995. 6. 15. 이고연 선생 출판기념에

맹세 허물던 날

"왜?" 이리도
이별은 익숙치 않은가?

"회자정리(會者定離)"
푸르던 잎새가 첫서리를 못 이겨 떨어지네

달뜨는 저녁의 굳은 언약이
꽃피던 아침에 부서진다.

사나이 눈물을 보일 순 없으나
가슴에 젖는 이슬은 어쩔 수 없네.

― 2002. 8. 4. 아침, 흐림

설화雪花

바람 불던 날
소리 없이 내리는 얼굴들

세월은 가고
또 오고
해마다 첫눈처럼 오시는
사월의
희고 붉은 그대들…!

칸나

극렬한 그리움을 앓다
붉은 열꽃이 피는가?

목이 아려도 한번은 불러야 하는 내 노래
문득 발걸음을 머물게 하는 그대
정염의 자태

야수를 결박하는
클레오파트라의 눈짓
황홀한 나르시시즘.

이별

비오는 오후에 너를 보내고
나는 목각인형처럼 줄곧 앉아 있다.
뒤안 대나무 흔드는 바람소리도
우리는 들을 수 있다.

너의 뼈의 사무치는 맹세가
이명처럼 들려오는 밤

너를 보내야 하는 서글픔과
다시 만난다는 환희의 소망이 뒤엉킨 나의 감정은
거칠게 물결친다

식음을 전폐하고
방에 앉아
시름에 젖는 지금
꿈속의 꿈을 쫓고 있다.

꽃잎 지던 밤

뜰 앞에 서 있던
매향의 유혹에 취해
춘정에 못 이겨 한 가지 꺾었는가?

흐르던 상처
적혈이 응고될 때엔
이승에 목메던 부질없는 말장난의 희극이
막을 내리겠지!

분홍꽃잎 필 즈음 왜 그리도
바람은 많이 불었던가?

유랑의 정거장엔
미완성 사랑의 일기 한 편
꽃잎에 섞여 흩날리고 있다.

— 2003. 1. 7. 새벽 5시

프리랜서

어디서 왔어?
몰라, 어데로 가는가요? 몰라
재 너머에서 또 산을 넘고 물 건너고 또 저 먼 은하계
"운수납자!"
고향은 어데니? 몰라 없어!
까뮈의 이방인? 응. 아무래도 좋아!
당신에게 묻는 내가 누군지 알아?
아니 관심 없어!
애인 있나? 셀 수 없어요
별장은? 하늘의 별들만큼이나 많아
자유가 뭔지 알아? 아니 궁금하지도 않아.
그런 말조차 필요없어.
그대! 이름 있나요?
글쎄요 이름은 없지만 남들이 그러데요
벌이라고 부르기도 하고 나비라고 부르기도 해요
가끔은 새라고도 해요
가고 싶은 곳은? 무시로 내 맘대로야
여권이나 비자는 필요없어요
자유를 자유하는 프리랜서!
킬리만자로의 표범을 사랑하지요
난 아무것도 아니지만
가끔은 노을진 하늘가의 초승달을 보기도 하지요.

사랑이란 것들

사랑이라는 것도
언젠가는
추억의 빛바랜 사진 한 장처럼
흐릿해진다

추억의 편린…
추억의 오솔길…
추억의 욕망 조각들…

참사랑이란?

찬란한 기쁨이기에
사랑은 에고가 불탄 초토에서
부활하는 생명의 노래인 것이다

그 사랑을 깨달으면
어떠한 개성도 물이 되어 버린다

세상에 특별한 것은 없다

병든 마음에서 우월의식이 꿈틀거린다.

함소스님

속진에 얼룩지던 장삼 벗고
당신이 늘상 염원하던 띠풀옷 대충 걸치고
현 없는 가야금 하나 어깨에 메고
귀향하는 돌고지* 산방!

검은 사리 쏟아내는 밤
푸른 달빛 타고 내리는 이슬의 찬양

죽림^{竹林}에 묻혀 히죽히죽 웃을 심혼^{心魂}의 여유엔
봉황을 잠재우는 향^{香}이 오르네

* 돌고지 : 하동군 청암면에 자리잡은 지리산 자락의 외딴마을 이름.

변주곡

어둠은 "왜?" 이리도 쉬이 상륙하는가?
그 누구도 어떤 마술사도 신(神)들마저도 되돌리거나 거역할 수 없는
밤의 여신 어둠 그러나 다시 밝아오는 새벽
새벽이 오면 나는 슬픔의 방랑자가 되고
오색 샤인을 머금은 제우스가 되어 큰 소리로 웃다가
밤이면 또다시 운다

지난날 되돌아보면 허망의 세월 물위에 뜬 부초 같고
외가닥 줄 하나 묶어두고 혼자 허공에 떠서 허수아비처럼
흔들대는 그 고독한 공중의 '애드벌룬'처럼 나는 그렇게…
신학(神學) 그 찬란하고 화려하던 유리궁전의 성벽 새 예루살렘
그 고난 뒤에 숨겨진 시온성의 황금성벽
아! 허물어졌다.

부식된 모래알만이 흩날리는 제우스의 분노로
찢겨져 버린 성의 자락!
그래도 나는 절망의 미소일망정 잃지 않았었다
수많은 사람들이 오가던 내 인생 역전 대합실
그 미몽의 C.H 그리고 밝아오는 또다른 아침이 있었다
바라나시! 그 갠지스의 핏덩이 같은 태양이었다
춤을 추고 떠내려가던 나신 타다 남은 시신들
이별과 상봉의 교차로에서 나는 모든 것을 잃었다
교회 가정 돈 건강 여인들 친구들 기타…
차갑게 식어 가는 48세 내 손등을 어루만지며 자위하던 날

세월이 어느덧 밀레니엄 21세기가 흐르던 그 아침에
흑삼黑蔘이란 흑인 아들을 낳았다
오지 않은 미래의 막연한 기다림 그 설렘의
예언자 칼릴지브란!
안개 가르던 4월이던가 그날 오후 날씨 맑았다
소나비 같은 운명의 파찰음…
블랙홀처럼 강력한 마력은 지리산 토방에서
저 높은 클레오파트라의 궁전에 전보를 보냈다
나를 삼킨 넌 클레오파트라!
그들은 부둥켜안았다
너무나 아름다워 서럽게 느껴지던 너의 눈망울
그 누가 세상 끝에 숨겨뒀었나?

오호라 어느 행성을 떠돌던 별과 별의 만남인가?
그대 진정 날 감당하겠는가? 내 질투의 절대적 목숨 건
위험한 사랑을 말이여!
내 영혼의 스리랑카! 설산의 성자마을
킬리만자로의 인적 없는 동굴의 묵시록을 그대가 진정 갈
망하는가?

내 물음에 답을 안해도 좋다
내가 너의 창문을 두드린 것은 네게 은혜와 인계에서
얻거나, 말할 수 없는 보화를 주기 위함이다
나의 실체를 아는 날
모든 마리아들의 눈에서
수정 같은 이슬이 떨어질 것이다

11. 2. 새벽 4시 50분 제비완자

일우―雨스님에게

의복은 낡아져도
세월을 돌려놓은 당신의 심신心身

진인眞人의 숨결을 나는 보았네

이따금씩 창문 열고 내다보다가
소나기 내리거든
문을 닫든지 그건 알아서 하시게

마당에 나갈 때는
괴춤 빠짝 올리구…

후일 내가 명태 한 마리 들고
찾으리다

편지 한 통

장목사張牧師님!
이건 분명히 신神들이 베풀어 주신 지극히
호사스러운 향연響宴인가 보오
우리들의 영감靈感이 이토록 못 견디도록
스스로 회유하는 것을 보면…

언제 다시
이 못난 산승이 신화神話의 날개를 펴고
저 서편 끝에서 태고太古의 빛을
발현한다 하여도
이내 영감은 목자牧者의 늘 푸른 대숲밭으로
내려앉는 행열行列이 되리라

아!
그가 다시 돌아왔다
늘 자신을 부둥켜안고 울던 사람
머릿결보다 더 길게 늘어진
평안平安을 물들이고 그가 다시 되돌아왔다
그리곤 우리는 다시 웃기 시작하였다
시뻘건 대낮에도
눈이 허연 새벽녘에도
그가 다시는 돌아가지 않을 것 같다
처마끝으로 가을 바람이 깃드는 것을 보면…

함소(含笑)대사에게

깊은 우물 속에 감춰진 당신의 궤짝 속엔
"무엇이 들었길래?"
끝없이 다함없이 오장 내려앉는 웃음이 쏟아지는가?
아! 그것은 빛의 여유로다
여행과 방황이 천양지차이듯…
혼자 미쳐 히죽히죽 웃는 웃음 아니고는
함소(含笑)가 아니지!

촌부 장작 패는 도끼 머리맡에서
정신 헛갈리게 음담패설하며
뒷짐지고 서성이며 자지러지게 웃어제끼는
당신의 세월…

법풍法風대사에게

차라리 진저리나도록 연민에 젖은 가슴들…
푸른 달빛 내리는 죽림에서 홀로 찻잔茶盞 기울이며
별을 훔치고 바람을 훔치고 그것도 모자라
강촌도인江村道人의 가슴을 훔치는 신선神仙이시여

늘상 만나면 배꼽 쥐고 뒹구는 여유 속엔
궁극의 사랑을 촉 태우는 이완이 흐르고
대사를 내가 아는 건
천형天形의 질고를 씻는 여래의 감로甘露
오호라!
수만광년을 바라보던 장부의 기다림인가?
노송老松의 가지 끝에 앉아 삼라森羅를 관음觀音하는 학鶴처럼
대사의 여유는
인습에 젖은 이내 업산을 밀어내고
이밤 무쟁삼매에 젖게 하고 새술에 취하게 하는
당신의 공간은 장바고의 성지!
내내 평안하소서 내내…

비풍悲風 · 1

채색되는 가을
은행잎 노오래지는데
오솔길에는
사람 하나 지나가지 않네
계절이 아파 우는 해저문 강변
다리 괴고 졸던 백로도 떠나가고
논두렁에 앉아 놀던 새떼도 떠나고
풋사랑 나누던 아해도 떠났다

첫사랑 추억 줍던
지나간 시절
아무리 버둥대도 채우지 못한 가슴의
빈잔은 신神들의 몫으로 남겨두자
바람은 슬프지 않다.
눈물이 슬플 뿐이지

문득 저 하늘 어딘가에서 고운 새 한 마리
잎새 하나 물고 우편배달부처럼
허공에다 기별을 전한다
그대는 어느 별에서 오신 요정인가?
오늘밤 그대의 소리를 바라보려기…

— 03. 10. 17 새벽

비풍悲風 · 2

만추의 태양은 저리도 쉬이 상륙하는가?
수수밭에 앉아 놀던 새떼도 이 가을엔 보이지 않네
철새들 날아가고 날아오는 냉정한 섭리
첫사랑 아해도 빙점에 떠났다
삼태성三太星 빛나는 은하銀河의 계곡엔, 어찌 저리도
거룩한 후광이 흐르는가?
툭 트인 오솔길이 보이는데도 "나는 왜?"
그 길을 걷지 못하며
창현昌호의 진리에 순응하지 못하고
어김없이 새벽을 서성이는가?
그래!
이젠 정말 우리는 우리의 여신女神 바다로
돌아가는 거다 그 바다에 가면 어머니가 있다
본시 바람이 왜 슬픈가?
장부의 탄핵이 슬플 뿐이지
우리 죽림에 여래의 깃발을 꽂자!

— 03. 10. 17 새벽 5시

비풍悲風·3

열어 보지도 못한 나의 보석상자
그 뚜껑에 밟힌 발자욱들…
얼룩진 선혈…

비풍찬가 悲風讚歌

건곤乾坤을 삼키고 배앓이 하는 장부여!
차라리 심장心腸이 터지고
뇌腦가 퇴화된다면 자아의식自我意識에서
허덕거리진 않을 걸
중음신들의 키득거리는 조소에 추락된 장부의 실존…

이제 돌아가리라
문둥이 진드기 풍진딱쟁이 다 떼버리고
자장율사처럼 사자등에 올라
청운거淸雲車 타고 승천하리라

미풍美風에 수금타는 선녀촌仙女村에 올라
나 이제 고고한 학鶴이 되리라

보이도다
슬픔이 찬란한 기쁨의 시녀始女가 되어
순종함이…
구절초 향기 토하는
명랑한 새벽에…

— 03. 10. 17. 아침

사미인곡思美人曲

천리千里 길을 단숨에 달려온 준마 한 마리…

훤칠한 키, 조용히 응시하는 호수 같은 눈망울
옥玉 같은 살결, 오똑한 콧대, 잘 박힌 치마, 붉은 입술
삼단 같은 머릿결
뛰어난 맵시
갈매기 날개 같은 아미
완전한 사지 올려붙은 엉치
터질 것 같은 젖가슴
미려한 이목구비
사리로 엮은 고운 심성
장사의 힘으로도 어쩔 수 없이 손짓 한번 못한 그대
그대는 현종을 삼킨 양귀비인가?
백호를 사로잡은 황진이인가?
천하 모든 이에게 여론을 붙여도 아! 어여쁘다고
전원 합일을 볼 사람아!
손톱도 갖다 대기 아까운 사람을
그 누가 지으셨는가?
이 어여쁜 사람을 바라보려기에
법풍法風 사그라지고
법산法山은 내려앉고
도인道人들의 목은 이미 굳어
미동도 않는구나

— 03. 10. 19

귀향 · 1

해 떨어지면
나는 소를 몰고 풀 망태 메고
손에는 피래미 여나므 마리 꿰미에 꿰고
어둠을 좇아가네
동네 고샅마다 피어나는 저녁 연기
울 너머에 풍겨나는 된장국 냄새
저녁상 물린 토방…
동백기름 바른 쪽머리 비녀 너머
슈넴 아씨를 바라보는 사람아!

순금보다 귀한 사랑 바칠 곳이 그리 없어
우는 슬픈 새처럼,
억년을 기다리려 하네

창호지 문틈 사이로 비치는
고결한 여인의 그림자
새가 되어 날아가는 내 영혼은
젖통이 삐져나오는 적삼 여미며…
촛불 응시하는 길지吉地를 바라보려기에

나는 그냥 스러지네

— 03. 10. 21

보선스님께

금강화신金剛化身!

당신에게서는 청죽향靑竹香이 나요
그 올곧은 심성心性 앞에 스러져가는
다족의 교감들
아미산과 영축 수미산을 한데 밀어내고
텃밭을 다듬어
감자 심고 수수 심어 촌부村父의 도량道量을 만들어
민심을 고르시는 대사大師

풀 먹여 다림질한 한삼모시 적삼에는
고독한 구도자求道者의 초상이 슬프지만
그 슬픔이 37도의 체온을 가진 사람의 향기요
부처의 향香이라니 어쩌리요

다만 우리 아쉬운 건
이 시대時代의 황진이들이
눈을 감았다는 기별이요
외유내강外柔內剛 심연 속에 꽃피는 인정은
사방세계와 은하수 저편까지 번지네

— 03. 10. 23. 아침

법산^{法山}에게 법산^{法山}이

사무사^{事無事}

일묵대사^{一默大師}가 말했던가?
일 없는 것이 일이 되어버린
그대의 일상
미무미^{味無味} 맛 없는 것의 맛을 알아버린 당신의 휴식^{休息}
때로는 바람으로
때로는 한줄기 봄비로
혼기^{魂氣}를 뿌리고 다니시는 대사의 여유
이미 잡을 것도
쫓길 것도 없어 하늘을 지붕 삼고
땅을 요 삼아 아무데나 스러져 코를 고는
묘한 사나이
그러다가도 문득 일어나 하늘을 바라보는
뒷짐 지고 서성이는 습관
신선^{神仙}일레라. 신선^{神仙}!

아버지
― 장대원 아들이 아버지에게

아버지!
킬리만자로의 표범처럼
걸림이 없는 당신.

안데스산맥에 홀로 피는
에델바이스처럼 강인한 당신.

뜨거운 사하라사막 한가운데
오아시스 같은 당신.
바로 나의 아버지이십니다

늦여름 장마비처럼
퍼붓는 당신의 사랑은
메마른 제 가슴에 희망을 줍니다

제가 당신을 만난 것은
망망대해를 떠다니다가
섬을 발견한 듯…
말로 다할 수 없는 기쁨입니다

자유를 사랑하는 당신…
그런 당신을 닮고 싶습니다.

― 2002. 10월초. 아들

안개

허공의 허무
태허무형^{太虛無形} 위에 또 허^{虛}가 있다
저 — 빛을 뚫고 나오는
빛은 어디서 오는가?
어둠의 처소는 어디며
우박창고는 어디인가?

아무리 쫓아가도 형체 없는
비존재^{非存在} 더없이 슬픈 건 채워지지 않는
내 가슴, 아니 채울 수 없다

혼돈에서 건져 올린 신어^{新魚}
뿌연 생명 철철 흐르는 여인^{女人}은 악마인가?
심연을 응시하는 청춘^{靑春}
힘 모아 배 내밀면 뭐하나
잿빛 바람에 흩날리는 장부의
아픔을 차라리 안개는 노래한다

우리의 향연饗宴

가슴속에 출렁이는 생명生命의 강江
폭포가 되고
정적이 되고 적요가 되고
차라리 동결된 서리꽃이 피는가?

이 음율 듣는 이 하도 없어
묏새에게 나무들에게 숨결을 토하네
오늘 아침도 우리는 예배를 올리네
스승 하나 제자 하나
제자 한 명 스승 한 명
웃다가 울다가 눕다가 마시다가
풀썩 쓰러지다가 새벽창의 서리꽃에서
명상瞑想을 본다
부족함도 남음도 가난도 없다
여기 완전한 길이 있다 도무지 목마르지 않는
구도求道의 오솔길
마음의 太陽이 있는 이, 시온의 영광이 있는 이는
이 길을 기운차게 가리라
무시무종無始無終으로 울리는
영혼靈魂 문설주에 선혈 묻은 심현금

아는 이 없다 해도 우리는 서 있네

― 03. 11. 14

어떤 일기

내 삶은 피상적으로 우울하고 고달픈 듯하나
강렬하고 드라마틱하다
걸림 없으니 자유롭고
자유로우니 가볍다
의·식·주
해결되었다
그러면 이제, 삶은 변형되어야 한다
04. 1月 1日부터
내 삶의 마인드는
이타적 삶이라는 허울에 나는 종속되지 않는다
다시는…

— 04. 1. 15

임동창 선생

타고난 천부적 뮤지션이다
밤마다 콩나물밭과 성현들의 서재를 넘나들며,
정액을 뿌리며,
오선지에 먹피를 뿌리는
그의 고뇌 앞에 부활의 영광은 반드시 있다
독선 같은 언행
그건 자신감에서 나오는 것이니
완벽이라는 후한 점수를 줄 수밖에 없는 것은
그의 언행심사言行心事가 거품이 없고 투명하고
진솔한데 힘이 있고
시간 끌지 않고 금방 의사전달을 하는 묘미가 있으니
후일
반드시 이 사람 시대가 온다
그래서 나는
그를 위해 기도해야 한다
그의 개성 있는 아내와 함께…

나의 사랑 나의 신부

5月의 여왕으로 오시는 그대
나의 누이 나의 신부여!
나 이제 그대에게 돌아갔고,
그대 먼 땅에서 내게 돌아왔네
전생부터 주렸던 나의 시장기를 깁는
그대 내 사랑
관음의 숨결 젖어오는 이 보광의 후광 받으며
멧비둘기 노랫소리 들리는
그대와 나의 삶터….
존재의 근원에서 우리는 하나되었다
거역할 수 없는 이 성스러운
영혼의 지성소에서
나는 나의 사랑 나의 신부
그대 위해
그동안 남겨 놓았던 심장 한 조각을 바치며
신神이 질투할 사랑의 세레나데를
숨결마다 바치노라!
사랑한다 영원히…!
그대의 사랑하는 신랑

— 2004. 5. 혼인날, 아내에게

왕따당한 자의 묵시록

시궁창에 살았어도 때묻은 적 없소이다
가시관 훔쳐 쓴 죄로 돌에 맞았으나 아픈 적 없소이다
슬픔이 뭔지 모르는 변태적 삶의 노래는
천상의 향^香으로 피어오르는 광시곡^{狂詩曲}!
전화 한 통 없는 죽음 같은 고요 감돌던 날
문득!

봄싹 같은 생명의 소릴 듣고
스스로 일어선 대기^{大機}
무인도를 찾아 등불을 밝히오
푸르른 월하^{月下}!
인적 끊어진 죽림^{竹林}에서 칼날 세우듯
때로는 솜털에 파묻히듯
때로는 허공에 몸을 날리며
축지법^{縮地法}을 연마하다가

어젯밤 신^神의 음성을 들었소
쓰러졌던 돈키호테가 대군을 거느리고 재림을 하고
갈릴레오가 부활하여 지구를 심판하고
'조나단 리빙스턴'이 날짐승의 횡포를 심문한다 하오
자유를 거역한 자유
비상의 블랙홀
겟세마네는 과연 유토피아의 씨앗인가?
거지 예수가 국토지킴이 대장정 장도를 행군하며
한일자로 입을 굳게 다물었다 하더이다.

산다는 것

한치 앞을
알아볼 수 없는 미궁 같은 세상
산다는 것만으로 숨을 쉬는 가엾은 비둘기 인생

세파의 끝없는 전쟁
끝날 징조 없다
어둠은 새벽 끝에서 몸부림치는데
칼로 물을 베듯
허덕이는 사람들…

쿠폰 한 장 들고
삶의 터전을 찾아
연자맷돌을 돌리는 피 절인 삶의 매너리즘!
이전에 살던 고향
새하얀 창호지 문틈으로
새어나오는 여인의 그림자
동구밖 구름 한 조각 흐르는 그 아래
돌틈 사이에서
질경이로 살아가는
민들레 인생들…

콩과 꽁깍지

문득 마음의 소리 있어
잠깬 어느날
비로소 보이는 무형의 빛…

물에서 물을 찾고
숨을 쉬면서도 숨을 찾던
세월…

하늘은 지극히 가까운데
어디서 찾을까?
차 한 잔에 우주를 담는다면
가히
장부의 마음 헛갈리지 않으리

내면 깊은 바다로 귀결되는
평등의 하늘이야말로
생명 던져 침노해야 할
무쟁삼매無爭三昧의
실체 아닌가?

소중한 님들이여!
헤매지 말라. 잠깬 눈으로 보는 우주는
너무나 완전한 콩과 꽁깍지일 뿐이다
아무것도 구별하지 말라
정신분열에서
차별이 생긴다.

제2부
민들레 명상 시

민들레 명상 시 · 1

그대, 내가 일러주는 말을 믿겠는가?
우리의 일생이 영원에서
찰나에 불과한 안개와 같은 허무의 생이라는 것을…
우리의 생명을 톱질하는 유혹들…
주관없이 흘러가는 조각배처럼 그대 어디로 가는가?
그대 진실하게 말하라
궁극적으로 삶과 죽음의 세계를 오가는
영원의 다리를 발견했는가?
이제 덧없는 삶의 유혹에서 탈출하라
자만과 무지 어리석은 광기로부터 벗어나라
독수리는 좁쌀을 먹지 않는다
그대 만물의 주인답게 영원을 사모하라
괴로움이란 본시 없는 것
모든 것은 그대가 만들어낸 환상들이다
어리석은 삶의 이치를 깨달았거든 머물지 말고
그것을 끊어버리라
그 뒤, 존재의 근원을 깨닫거든
삶을 차별하지 말라.
밤은 낮으로, 낮은 밤으로 이어지나니
그곳에 선도 악도 죄도 의도 없다
물방울이 흘러 바다로 연하듯…
대상세계가 사라질 때까지 부단히 깨어 정진하라
삶에는 틀림없이 경중대소가 있다
그 우선순위는 두말 할 것 없이 생명에 대한 탐구다
부차적인 일들을 제쳐두고 현묘한 일에 정성을 기울여야

할 것이다

 게으른 자는 강 건너에 낙원이 보여도 눈으로 만족하고 만다.

 뗏목이라도 엮어서 노를 저어 모험을 해야 하지 않을까?

 젊은 시절의 석가는 깨달음의 한마디를 들으려고 높은 나무에 올라가 자신의 몸과 바꾸지 않았던가? 이것이 버림으로 채워지는 도道의 원리다

 구도자는 반드시 혁명적이어야 하며, 엽기적 삶을 즐길 줄 알아야 한다

 어찌 눈에 보이는 보화를 힘들다고 캐내지 않는가?

민들레 명상 시 · 2

우주의 신이여!
내게 지칠 줄 모르는 광기가 넘치게 하소서
가슴 설레어 부들부들 떨고 파도처럼 흔들리고
천둥 같은 맥박에 무릎 꿇고 이단적인 변주곡에 해일 같은 리듬에
제발 자아가 항복을 하게 하소서
밀물과 썰물의 계절
주기적인 사랑의 꿈틀대는 파동에 말려들게 하소서
Ego(비굴한 종놈의식)는 신기新奇의 에너지
그 무단침입을 경계하여 몸을 굽히고 빈틈없는 완전주의를 꿈꾸며
율동을 억제하고 팽팽한 긴장 그 달콤함을 경계해 놓고
후퇴하고 숨어서 술을 마시고 땅에 굴을 파고 진실을 외치는 행위
물처럼 부드러움을 싫어하며, 매일 문단속만 하는(피상적 거룩함) 짓거리에
나의 뇌가 지치고 말았소
(내가 본 타인들)
그들은 광대한 천지를 보지 못하고
개천에 천막을 치고 자기들만의 별 혹은 깨알같은 왕국을 건설하고
혼자 왕이 되어 도취의 술을 마시고 '아메바'들의 시중을 든다
사슬에 묶인 황홀의 긴장!
생명의 진화를 막기 위해 어지간히도 예방주사를 맞아

놈들의 근육은 화석처럼 굳어 있다
도대체 몇억 년을 그렇게 살아왔는가?
신뢰와 소망, 이완을 막기 위해 60억의 파수꾼이 옹위하고 있다
(진리란 대상을 의식하지 않는다)

무의식적인 에너지에 감전되는 것
그리고 굴복하는 것 그것은 광기(전율하는 백치)다
황홀(내 피부 밖으로 나감, 나는 누구?)이며
희열(사랑은 함께 만났다 헤어져 그리고 대양에서 다시 만나는 것 속을 끓이다가)이고 은총(온전한 정신과 춤추는 것)이다.

두뇌 속에서 외국인들이 전자계산기 PC 통신으로 싸우고 있다.
공포자는 누구이며 공포를 느끼는 녀석은 누구인가?
신에게 혹은 악마에게 혹은 둘다에게 사로잡혀 있다
16~18년을 집을 지어 침실을 타인에게 내어주고
주인은 울밖에서 구걸하는 맹인이여…
광기인가 발광인가?
떨림인가 두려움인가?
영광인가 사로잡힘인가?
*아! 올바른 광기로 가는 길은 좁은 문이다
엉뚱한 곳에서 떨지 않도록 조심하라!
때때로 악마의 왕들이 신처럼 변장하고 여호와로 둔갑하며
이마에 별을 달고 쉴 때 문을 넘나든다

굴복이란 제정신 가진 인간이라면 취할 수 없는 위험

결코 굴복하지 않는
제정신이란 어떤 인간도 질 수 없는 짐
우주의 신이여! 비로자나여!
원불이여! 천지의 대주재여!
광야에서 광란의 춤에 미친 광상곡 연주자에게
지혜를, 책임을, 사랑을, 파멸시키지 않는 광기를 달라
이와 같은 진실의 광기만이 환상적 실존이며
이 시대의 내 노래이기 때문이다.

민들레 명상 시 · 3
― 무드라의 노래 Ⅰ

1. 진실과 신뢰에서 이완된 사람의 가슴에는 미움과 분노가 없다. 그는 언제나 중도(中道)에 머물 줄 알기에 선택이 없다. 삶을 구태여 선택하지 않으니 행복도 불행도 없다. 기다림이 끝났기에 소망도 없다. 그저 삶을 그윽한 시선으로 관조할 뿐이다. 모든 상대적 존재를 넘어선 자만이 그의 언어와 숨결을 이해한다.

2. 사람들이여 새로운 것을 원한다면 그의 노래를 들어보라. 간단한 말 몇 마디로 무지와 불신(不信)을 물리칠 수 있나니…. 언어의 장벽을 부순 자는 그 한계를 정복한다. 거지든 제왕이든, 성자든, 창녀든, 그에게는 모든 사람이 한결같이 평등하다.

3. 자신의 사상(思想)에 몰두한 자는 타인의 시각에 미친 사람처럼 보인다. 그는 영원(永遠)의 항구에 정박한 빈배처럼 빈부귀천을 넘나들며 생명 있는 모든 이들을 팔 벌려 초대한다.

4. 세상은 지성(知性)과 지식(知識)이라는 모난 선악과로 인간을 정신병원에 수용시킨다. 그 정신병이 강을 죽이고 산을 죽이고, 바다를 죽이고, 인간의 생명과 지구의 수명을 조이고 있다. 순수하던 사람도 그곳에 가서 이상한 세뇌주사 몇 대 맞으면 여지없이 자아를 상실한다. 그리고 육체는 살찌고 영혼은 죽어간다. 그 병원에 위문 갔던 사람들도 크게 전염되고 죽어간다.

5. 사람들이여 나를 따라 슈나^{존}의 계곡으로 내려가자 마음 비운 삶은 모든 것이 무용의 몸짓. 흐르는 물과도 같은 것이다. 영원한 슬픔도 영원한 웃음도 영원한 분노도 없는 것이다. 모든 것은 바람처럼 지나가는 사념이다. 이 사실을 모르는 것이 곧 무지이며 허망이다.

6. Ego를 잃어버리고 정신을 잃어버리라. 자기가 사라질 때 자기를 지키던 파수꾼이 사라질 때 삼매^{三昧}에 들어간다. 그것이 정신계의 '오르가즘'이다. 삶이란 대체로 '나르시소스'이다. 달빛에 비친 자기 얼굴을 들여다보고 히죽히죽 웃는 여유~ 얼마나 소년다운가?!

7. 이와같이 자성^{自性}을 언뜻 보기만 해도 헛된 욕망과 순례의 숨가쁜 고행이 정지된다. 사랑이란 바로 내면의 별빛이기 때문이며 자성^{自性}의 불꽃이기 때문에…. 본래의 자신과 친숙하라 사교왕국의 교주들이 가기 싫어하는 그곳으로 지금 당장 가야 한다.

8. 참된 존재의 근원이란 곧 부동^{不動}의 근원이다. 움직이지도 떨어지지도 않고 없어지거나 늘어나지도 않고 그냥 여여한 생명 그 자체이다.

9. 행복을 선택하면 반드시 불행해진다. 너무나도 분명한 상대적 선택이기 때문이다. 모든 만물이 그림자가 있는데 '왜?' 태양은 그림자가 없을까?

10. 영혼불멸을 믿는다는 종교인들이여. 이제 거짓말은 그

만 합시다. 영혼불멸을 믿는다면 죽지 않을 테니 얼마나 용기 백배해야 하는가? 그러나 그대들 소행이 너무 거짓이요 불신이다. 자살이 죄가 아니라면 자살을 해서라도 빨리 천국이나 극락에 가야지요? 어제 저녁 북망산천에 흙으로 돌아가던 사람이 단 10분만 더 살고 싶다면서 링겔을 꽂고 모르핀을 맞던 그 시간이 바로 우리가 숨쉬는 시간이라오!

11. 사람을 너무 믿지도 기대하지도 말라. 그리고 지나치게 불신하지도 말라. 천국과 지옥은 차별이 없다. 거듭나지 못한 양심이 분열시킨 생각의 투영이다. 좋지도 싫지도 남음도 모자람도 없는 것이 곧 완전(完全)함이다. 삶을 능력 있는 한 무차별 수용하라.

민들레 명상 시 · 4
— 무드라의 노래 II

12. 성품이 회복된 사람은 지금 현재의 삶에 최선을 다한다. 매순간 종말처럼 살기에 그에게는 과거, 현재, 미래가 따로 없다. 그러기에 원수가 없고 모두 다 소중하며 귀할 뿐이다.

13. 멋있는 삶이란 과거, 미래, 현재를 꿰뚫는 삶이다. 삶은 분리가 아니다. 탄생에서 지금 이 순간까지 호흡은 단 한번도 멈추지 않고 일해왔다. 호흡이 떠나기까지는 아무것도 분리되지 않는다. 신비하지 않은가?

14. 의식, 무의식, 초의식을 초월한 자를 잠에서 깨어난 자라 할 수 있다. 잠에서 깨어난 자는 활기찬 현재에 관심을 기울인다. 현재란 나 혼자만의 재산이며 동시에 내가 최대한 만끽할 수 있는 마지막 시간이다. 환상적 기대감이 배제될 때에 비로소 현재를 마음놓고 최선으로 살아갈 수 있다.

15. 고독한 자는 추억에 살고 어리석은 자는 희망에 산다. 그러나 깨어 있는 자는 지각^{知覺} 쪽에 관심이 많다. 그리고 현재를 산다는 것은 모든 사물과 존재와 더불어 산다는 것이다.

16. 성숙한 지각이란 분토 같은 이력의 찌꺼기로 잔류된 선입견^{先入見}과 편견을 청소하고 삶을 차별없이 수용하는 태도라고 볼 수 있다.

17. 자기의 체질에만 맞춰 사물을 보던 시각을 교정하고 무위로 돌아가면 비로소 우주의식에 눈이 뜨이게 된다. 강요당하던 지식문명 율법들은 정신의식에 아무런 도움도 주지 못했고 오히려 정신분열증을 안겨 주게 되었다. 자유를 갈망하던 영혼들을 오히려 감옥 깊숙이 감금시켜 버렸다. 수많은 몸부림 그리고 방황과 혼돈, 배신의 긴 밤에 얻어지는 것이 성숙成熟이라는 선물이다. 자유自由란 잘 익은 영혼이라 할까?

18. 참된 회개回改란 의식 혁명이며 동시에 회개回開가 되며 곧 천개天開가 되는 것이다. 그때 비로소 영생의 바다로 귀향할 수 있고 귀향한 자는 곧바로 삶이 이완된다. 주름살은 제거되고 순진함이 그를 지배한다. 자유란 잘 익은 순진함이다. 이것을 곧 신기新奇라 한다. 일상적 의식, 무의식, 초의식이 있다.

19. 일상적 의식은 거짓자아의 리모콘에 의하여 포장된 것이며 무의식의 경우 정신병이나 강렬한 애착으로 길들여진 곳에서 자신도 모르는 말과 행위가 튀어나오는 것이며, 초의식이란 내면 밑바닥에 뿌리처럼 박혀 있다. 이 셋 모두가 자유가 아니다. 이 삼계三界를 벗어나는 것이 거듭남이며 자유의 시작이다. 위의 삼계三界의 거짓 지식이 화근이 되어 죽어간다. 세속적 지식은 오히려 무지만도 못하다. 둘다 사람을 죽인다.

20. 자주 침묵하라. 말을 아끼는 것도 능력이다. 지나치게 아는 체하며 떠드는 것은 어떤 두려운 것을 피하려는 자존심의 노력에 불과하다. 그들이 첫째로 두려워하는 것은 바로 침묵이다. 말을 짜서 맞추고 계획하고 도모하고 정신을 통제하려 애쓴다. 그러나 침묵하면 통제하던 방법이 소멸되기 때

문에 침묵은 곧 무기력이요 위험의 대상이다. 잡다한 말을 많이 하며 깨어져 사라질 환상을 계속 유지시켜 오는 것이 현대인의 역사다.

21. 백일 동안만 침묵해 보면 아니 단 10일 만이라도 말을 하지 않으면 아마 알 것이다. 말이 갖고 있는 편재성^{偏在性}과 침묵의 위력을 말이다. 침묵의 세계를 순례하던 사람이 돌아와 다시 말을 하게 되면, 언어가 잡담이거나 소음, 자랑, 선전 등으로 전락하기엔 너무나 아깝고 고상한 씨앗임을 알게 될 것이다. 그러기에 침묵은 새로운 권리를 그리고 혁명을 일으키는 것이다. 약자일수록 침묵을 배워라.

22. 언어는 말씀이 되어야 한다. 말을 쓸 줄 아는 사람은 그가 곧 '로고스'이다. 태초^{太初}에 말씀이 있었다 함은 그 말씀을 인간 육체에 채움으로 신인합일^{神人合一}이 되어 창조^{創造}원리의 주인이 될 것을 의미함이다. 말을 쓸 줄 아는 신^{神}만이 천지^{天地}를 창조하였다. 도^{道}란 곧 우주의식인데 혼돈질서 그리고 혼돈으로 원시반본하는 '링반데룽'이라 할까? 소망은 신기루 같은 것이다. 현재에 만족하라.

* 링반데룽 : 황순원의 단편을 참고하라

민들레 명상 시 · 5

성숙된 도인(道人)은
버드나무나 고무줄처럼
굽힐 줄을 알기에 곧게 되고
스스로 드러내지 않으므로
현명해지고,
자기만 옳다고 주장하지 않으니
그 옳은 것이 드러난다.
성인은 이와 같이 뽐내지 않으므로
우뚝 설 수 있고
스스로 우쭐대거나
자랑하지 않으므로 그 공은 오래 가고
도무지 다투지 않으므로 천하가 그와 더불어 다툴 수 없게 된다.
구부러지는 것은 온전하게 될 수 있고, 굽히는 것은 곧게 될 수 있다.

도는 자연스러움이다.
단 며칠 간이라도 고통없이 자유롭게 자연스럽게 살 수 있다면
그토록 멀다고 느껴지던 모든 것들이 아주 가까이에 있다는 것을 깨닫고
문득 놀라게 될 것이다.
신은 우리 심장에 혈관에 호흡 속에 있고 천국이나 지옥도 마찬가지며
수많은 하늘들과 신선의 세계도 바로 그곳이다.

장사를 잘하는 상인은 재산을 깊숙히 숨겨 외관상 가난하게 보이며
 진정한 군자는 왕성한 덕이 있으면서도 오히려 철부지 바보처럼 보이는 법이다.
 이르노니
 보이지 않는 것의 영원함을 자각하자.

진리 眞理

진리는 영원하고 불멸하는 어떤 것이다.
그것은
시간과 함께 시들어 버리는 꽃 같은 아름다움이나
법관의 명령 하나로 빼앗겨 버리는
언어의 자유 같은 게 아니다.

진리는 우리의 생각과 판단과 상관없이
항상 그곳에 있어왔고 지금도 있다
우리가 존재하기 전에도 그것은 거기에 있었다.

이 진리가 인간을 자유케 한다 이 낱말은
참된 이치라는 뜻이다.

— 5월 26일 아침

재회

얼마나 오랫동안 기다려 온
생명^{生命}의 통감^{痛感}인가?
그저 바스라져 가는 몸의 혼결도
검은 빛의 응결로 다시 하나되고
숨겨 가는 육신의 고통의 바다에서
건져 올려진 부활^{復活}의 본성^{本性}
치유의 능력^{能力}까지…
우리 다시 길이 없다고는 말하지 말자
거기 불붙는 듯한 열정과
모성^{母性}의 젖가슴을 지닌 자비의
손길이 있느니…!

* 법풍 스님과 8년만에 재회하며

최선의 길

자신이 지혜로운 사람임을 내세우지 말라
또한
정신적인 것에 대한 관심이 없는 사람들과
정신세계를 토론하려 애쓰지 말라
행동으로 보여주라

삶은 인격의 투영이다

그대가 걷고 있는 삶의 길을 보여주는 방법이
곧
언어이며 법문法問이며 설교다.

— 8. 26. 아침일기

불타(佛陀)의 게송

새벽 닭이 울 때에 일찍 일어나서 침상을 정돈하고 의복을 입고
몸과 마음으로 정하게 하고 꽃과 향을 받들어 축복하리라.

불타의 존귀함은 하늘에도 지나고 신(神)들도 만물도 수수가 없이
사원을 돌면서 머리를 숙이고 진심으로 시방세계(十方世界)를 예배하리
착하고 어진 사람도 정진하지 않으면 뿌리 없는 마른 가지처럼 사그라져 갈 뿐…
번성할 길 없는 그것과 같다

화려한 꽃이라해도 한낮에 꺾어두면 그것이 언제까지 고울 것인가?
마음의 방종 놓아먹이다가 목숨 다하는 날 그대 어쩔 것인가?
우리의 삶이 무상임을 알자

무상이 오는 것은 정시(定時)가 없다
자기의 허물을 깨닫지 못하다가 목숨의 꽃이 지면 어찌 하려나!

죽어 지옥에 떨어진다면 언제 다시 몸을 받아 탄생할 건가?
총명한 지혜자는 하늘의 가르침과 성현들의 말씀을 듣고

의심하지 않는다
　원불 = 비로자나 = 하나님을 비유하면 저 꽃과 같아 애경하지 않는 자 세상에 없다.

　하늘의 가르침을 따르는 자는 늙으나 젊으나 가림이 없이 환희의 마음 용솟음친다
　순종에 의한 덕은 믿음이 있어 생과 사 저 너머 언덕에 귀착되리라
　축복된 과보는 그치지 않고 현세에 영광을 받고 미래의 생은 낙원이라

　진리를 아는 자 두렴 없고 그의 복덕은 비할 데 없다 사나운 귀신도 그에게는 천사로 변한다
　사람의 생명 전광같이 빠르고 인생의 늙음 타조보다 빠르다
　죽음의 그림자 피할 길은 오직 수행 뿐! 세속의 권세로 피할 길 없다

　친한이라도 믿을까 보냐 도망가서 숨을 곳 없다
　천복이라도 제한 있나니 사람 목숨의 매정함이다

　숙명의 수궁 다하면 또다시 새로운 생에 들어간다
　각자 까르마의 법칙대로 응하여 수레바퀴처럼 돌아간다
　적절한 금욕과 절제로 훈련을 쌓아 모든 사람을 관용하고 제도하여
　대도大道의 행行을 정진하여 신심을 살찌우라
　만물 중 인간이 으뜸인데 어려운 인간의 몸받음을 감사치 않으면 악도에 떨어진다

선악과도 보응의 과보도 모두가 자기가 만드는 것…
마땅히 힘쓸지니 대도의 다리를 모두가 건너서 보살의 인생독본을 배월갈 때는
자비의 광명과
시온의 영광이 거기 비치리!

* 석가모니 부처님의 게송을 필자가 풀어쓰기 한 것.

해후

피는 물보다 진하던가
비슷한 유전자들이 사무치던 그리움 보따리를 풀고
억년의 회포를 나눈다
우리의 이산은 단지 가난이 죄였다
겨를 볶아 먹으며 눈물 흘리던 형제들…
코흘리던 유년의 말라깽이들이 불혹이 되어 만나
지난 자욱을 더듬어 눈물과 웃음과 원한을 삼킨다
살아가야 한다는 이유만으로 우리는 보고 싶은 욕망을
용케도 참아왔다
가슴 다시운 사람들 고향집에 모여
전설 속의 소년 소녀가 되어
오늘만큼이라도
시간이 멎어주길 기도하며
울먹이는 철없는 속썩음
벌써 꿈틀대는 그리움 때문에…

— 1996. 11. 2. 가족캠프

돌고지 산방일기

빗줄기 거세게 후려치던 날
산방의 낡은 창
침몰하는 어둠이 외롭다

뺨을 스쳐가는 바람
콧등을 스치는 풀냄새
춤을 추는 작은 들꽃들에게
이름을 지어주며
소박하게 살아가는 내 사랑하는 사람들에게
꽃 이름을 붙여준다

그리고 내면의 숨소리를 들려주고
이 작은 꽃들 위에
진주빛 비가 되어 나는 내릴 것이다

설령 그 빗물이 내 눈물이 된다 해도
나는 한자락 솔바람이 되어
소중한 님들 가슴속에 남을 것이다.

* 돌고지 : 지리산자락, 하동군청 앞면에 자리한 외진산 모롱이 이름.

월하망아 月下望娥 · 1

빛 푸른 미명의 조화
차 한 잔 달이다가 떠오르는 그림자
수만 광년을 바라보는 나의 동공은 별인가
바람에게 화두를 묻던 세월
갈매기 날갯짓하듯 조용히 흔들리던
허공에 떠 있는 아미娥眉
불혹의 창살을 흔들던 자유혼自由魂 찾아
아직도 못다 부른 노래가 있는 양
민들레 씨앗 한 조각 어디든 날아보지만
세상이 모르는 가슴으로 알아버린 광시곡狂詩曲
그 안에서 악상 부호를 찍으며
역년을 기다려온 달빛을 보며
분홍빛 매화 낙화하는 이 새벽에
그대 고운 영혼靈魂에
봄비를 뿌릴 구름이 되리라.

월하망아月下望娥 · 2

달빛 부서지던 날
영혼靈魂을 빼돌려 버리고
껍질뿐인 육신마저 허물어지고

기우는 달 아래
뜻 모를 기다림은 멈출 줄 모르는구나!

시계바늘 소리조차 무거운 고요
내 안에 일어나는
수묵빛 물보라

흐르는 사념의 바다 위에 띄워 보내는
연가戀歌 한 소절

오!
나는 빈 꽃대궁…
빈 꽃대궁…

낙엽

무영의 그림자여!
모든 것을 버리고 떠나는 낙엽처럼
나의 의지는 흔들리려네

숨어서 울고 웃던 혼魂도 바람이 되고
지난날 손꼽아 기다리던
영원永遠 속의 별 하나…

다시 그 속으로 돌아가
기쁜 싹 틔우려 하나
이제 부서져 날아가는 이 몸

정말 안녕이라오!

쇼생크탈출

먼지 쌓인 예배당

이끼 낀 성경
식어버린 촛불 어디로 밝혀가고
잠든 혼불 깨우던 찬송가 소리
끊어진 지 석삼년
달빛 드리운 토방엔 사람 하나 없고
한 사나이 엉거주춤 앉아
아무도 모르는 채
객혈을 토한다.

무(無)의 향기 · 1

하루종일 방안에 조용히 앉아
무(無)를 행함으로
봄이 오고
여름 오고
풀이 무성히 자라고
잎새들 춤을 추고, 꽃이 피고지고
열매 익고 잎은 지네
광독엔 포도주 넘치고
폭설 내리는 엄동설한에도
그저 그냥 차(茶) 한잔
술 한잔으로 족하며
장자(莊子)의 호접몽을 꾸며
나는 먹고 노네…

그냥…!

무^無의 향기 · 2

고즈넉한 저녁
찻잔^{茶盞}에 별들이 떨어진다
바람도 불지 않고
뒤안에 댓잎도 움직이지 않는다
개도 짖지 않고
전화 한 통 오지 않는다
자정 너머까지
죽음 같은 고요만이 흐른다
친구 생각도 술 생각도
여자^{女子} 생각도 없다
모든 존재가 다 시시하다
꿈속의 꺼져 가는 고독의 뒤안길을
조용히 묵상하며
차^茶 한 잔의 향^香내 속으로 젖어든다.

동설난 冬雪蘭 앞에서

만추의 태양 기울고
소리없이 떨어진 낙엽 쌓이는 밤은 길어라
월하망아 月下望娥
볼 에이는 바람 앞에 달빛마저 싸늘한가?
옷을 벗은 나목은 소롯이 서 있는데
길 떠난 잎새들은 무엇이 되나
모두들 옷을 갈아입으려 움츠리는 외로운 계절
동설란 冬雪蘭 이여!
너는 그래도 삶을 나누는 머리맡에 불변의
이치를 말해 주는 듯싶구나
그대와 나는
구태여 옷을 바꿔 입을 번거로움이 없어
더욱 고독한가 보다.

수용

아무리 맛있는 생선도
못 먹을 가시가 있듯
좋게 여겨온 사람에게도 수용 못할 부분이
있는 법이다

그 수용 못함은 결국 자신의
편식으로 인하여 소화력이 약해진 탓이다
*이런 말 쓰지 말자
"저 녀석이 저럴 수가 있어?"

금강錦江의 소나타

초가을 따사로운 볕
패랭이꽃의 애처로운 매혹

강남제비 선 하나 남기고 떠나버린 자리
흩어지는 바람결에 억새밭 같은 머리를 풀고
가슴으로 울어야 했던 날

불타는 금잔디는 소녀가 머물다 간 자리
바람이 보드랍게 얼굴 비비면
애처로운 노래 한 소절

미치도록 영롱한 아침이슬
미치도록 다정한 한낮의 햇살
미치도록 싱그러운 저녁바람
미치도록 숨가쁜 추억의 호흡

영혼의 갠지스금강에 흐르는 물결
우리네 인생도 흐르는데
찬연한 달빛도
악상 부호를 찍는다.

이별 아닌 이별 노래

먹구름 사이로 태양^{太陽}이 숨어 버렸습니다
대지는 차갑습니다
빙하의 북풍^{北風}은 끝내 당신과 나의
못다 한 정한을 시샘하여
입김까지 쓸어갑니다

분해되어 사라져 가는 당신의 노래들이
오늘따라 차라리 슬픈 리듬으로 파고듭니다

환상을 보았습니다
한때 당신과 나는 버들강아지 춤추던
짙은 봄날에 시장기도 잊은 채
행복^{幸福}의 꽃노래를 부른 적도 있었지요
아스라이 이별의 기적 소리가 들립니다.

그대 실은 기차를 놓쳐 버린 마음을
어찌 말할 수 있나요

그러나
하나님이 아시는
당신과 나 사이의 대화^{對話}는
밤새도록 이어집니다

그리하여 우리 사랑은
종점이 없습니다.

코스모스

연보랏빛 하늘가에
분홍빛 가슴 안고
장미빛 얼굴 숨기시는 당신은 코스모스

이른 새벽
이슬을 떨구는 그 섬세하고 가녀린 대궁
비단결 햇살에 수줍어하면서도
향긋이 다가오는 입술

어쩌다 붉은 노을길이면
다정한 사람들에게 노래라도
불러주듯 웃어주는 당신은 코스모스

그대 숲에서 얼굴 묻고
눈을 감으면
보라빛 환상의 세계로
나는 유체이탈을 합니다
별들의 노래가 들리고
고향이 보이며 꿈에 설레입니다

당신은 파아란 하늘을 안고 사는
가을꽃입니다.

침묵의 금강錦江

하늘과 땅과 강이 진한 사랑을 하다 들켜
하늘도 땅도 물도 얼굴이 붉다

아무도 말은 없다
강둑에 서 있는 나에게 고요를 채찍할 뿐…

늦겨울
웃음 시려운 마음밭에
이제는 한 줄기 굵다란 물방울이 떨어진다

햇님은 사랑의 클라이막스 계곡을 숨가삐 넘어가고
노을이 핏빛으로 월계月界에 지면
적막한 침묵의 강변에
부엉이 울음소리가 한밤을 울어 밝히며 전설을 담는다

낡은 움막 단칸 황토 지붕 위엔
무서리, 진눈깨비가 말 없이 내려 있다

오늘도 살아 숨쉬고 있음에 감사를 드리며
말없이 구천년을 흐르는 금강錦江에 침묵을 배우며
생의 엄숙한 굴레인
주검을 손님으로 초대하며 옷을 갈아입으리…

황천길

텅빈 하늘 허허로운 벌판
관능의 허리 곡선을 자랑하는 산하^{山河}
비포장 신작로 골짜구니를 감돌아
강은 조용히 흐른다

안개 자욱한 새벽길
잡새들의 합창

아무도 가기 싫어하는
황천의 고갯길
어쩔 수 없는 운명의 법열^{法悅}
저 세상 강 너머에서는 어서 오라는
풍악소리가 유혹한다

저승사자는 요새 한가하여
TV 화면에서 랩^{Rap}을 부르고
극락 가는 길에
발자욱을 지워 나그네의 길을
헛갈리게 한다.

월광곡

별이 빛나는 밤, 영혼靈魂의 지평선 위에 푸르른 월광月光
어두운 저 우주의 공간에서
생명의 휴식을 복주는 달빛
내 가슴까지 스며온다
오늘 내가 대지 위에서 노래를 한다

등졌던 본향을 찾아
슬픔의 사슬을 벗고
홍정된 굴레를 벗고
부르튼 발길을 멈추고
이태백처럼 달을 본다

오늘을 지새움은
어제의 고통을 토해내기 위한 몸부림
비정의 역사 속에서도
배부른 인간도 한번쯤 향수를 느끼게 하는
저 달 아래 나는 부끄러움을 노래한다
저마다 인생의 갈림길에서
오늘이라는 둥지를 엮는다

벗을 기다리며

차가운 겨울 빗줄기
낙엽을 체질하는 바람의 질투 잦은
해저문 강촌의 저녁
청솔가지 태워 토방에 군불을 피웠는데
벗은 오지 않네

자정 지난 하늘가에 들리는 별들의 찬송
여명의 기별을 알리는 닭은 노래하고,
나는 홀로 앉아
시름에 잠겨 마음을 비우네

정신없이 달려온 뒤안길에
걸어놓고 온
세월 삼킨 나만의 거문고!
이젠 다시 먼지를 닦고
벗의 그림자에게 잔을 권하며
파초의 꿈을 키우려네.

— 2002. 1. 5

연가 戀歌

나의 의지를 흔드는 그리움 별처럼 돋아나고
가슴에 내리는 이슬의 흐느낌!
함께 달을 보던 검은 눈동자

검은 눈망울은 꿈속의 사람!
지금은 멀리 떠나 밤 하늘 달이 되고

여름날 해거름에 피어나 밤을 새우는
박꽃처럼 순결한 그대 영혼을 훔치러
나는 이 밤
바람을 타고 날으네

만리 무영 같은 나의 초토에 호젓이 찾아오신
베르사이유의 장미

심장 한 조각 남은 것
"당신 위해 공양할까?"
내내 안녕히
영원 속의 별이여!

비망록備忘錄

순백의 계절에 달빛처럼 환한 얼굴의 소녀여
외로움을 잉태한 뒤에
아름다움을 화장하고
차가운 백설 위에 간간이 눈물 고인 자욱

짐승들이 만든 계율에 묶여
형체도 없는 절망의 그늘이
소녀의 사랑을 질투하고 속치마를 들춘다

사랑하는 소녀여
너의 발밑에 숨겨두었던
그 언어 단둘이 새겨 놓은 비망록備忘錄
영원永遠히 사랑한다는 그 말 뒤에
부끄러워 움츠리던
백설 위의 소녀여!

인연 因緣

꽃이 아름다우니 빛깔도 곱고
향기도 아름다워
나비가 그 잎에 잠을 청하니
태양도 지평선 너머에서 잠을 청한다

너와 내가 처음 마주칠 때
빛나던 눈동자가
어이타 지금은 쓰디쓴 술먹음의
눈빛이 되어 버렸나
그대 날 외면하는 것도
날 추억하는 것도
차가운 눈초리도 인연 따라 흘러가는 사념의
강물에 허망의 물거품…!

나는 오늘
화려한 굴레의 욕망을 벗고
비로소
이름 없는 뭇벌레들과 아주 작은 꽃들을 찾아
이름을 지으련다
해님 가시고 밤은 또 오고
내가 찾는 소박한 인연 因緣 의 꽃은
어디서 피어나고 있을까?

내출혈

96년 초가을 민들레 수도원 강당 담벽에
힘있게 매달려 푸른 생명을 노래하던
담쟁이가
3일만에 피가 되어 우수수 져 내린다
7년 만에 처음이다.

그토록 자유하던 사람아
너의 가슴 피묻은 단풍이 떨어짐은 어쩜인가?
왜? 사랑을 하면서도 이별보다 더 아픈 병을 앓는가?
너의 생명이 떨어지는구나
찻잔과 그리고 호흡에 진액 같은 감정이 쏟아진다

칼로 자를 수 없고
독주를 마셔도 지울 수 없는 피묻은 진실이 지옥 같은 욕망이 되어
피를 토한다
죽을 수도 없고 죽지도 않는 이 마음…
죽음보다도 강하여 빠삐용도 탈출할 수 없는 이 감옥이여!

채찍이나 죽음은 두렵지 않으나
끝없이 쏟아지는 출혈이 아파 우는 소리에
보고 또 보고 또 쳐다봐도
그리움은 쌓여 토하는 한숨마다 별이 되어
쏟아진다.

제3부

사랑의 병

밤의 상념想念

위풍 스산한
토방土房 아랫목에 발을 묻고
깜박이는 촛불을 응시하며
나목의 쓸쓸한 노래를 듣는다

영하의 칼바람에
스러지는 민심이 아파 운다
선홍鮮紅빛 상처들
우수雨水 지나면 아물까?

삶의 숨결이
인생의 날들이 굴절하며 허덕인다
그러나
뜨거운 이마의 선혈은 폐허에서도 새 움을 틔우며…

내 마음 빈터에
그대들 남기고 간
첫서리 내리던 날의 옹기종기 하던 영상…

시퍼렇게 굽이치는
겨울강 건너오는 조춘의 호접을 벌써부터 기다림은
노오란 민들레 어서 피워
길손들의 손에 들려주고 싶은 조급한 마음…

사랑의 병 · 1

내 마음 심장을 파헤집고
대기의 모든 것을 내 것인 양
마셔버리는 눈동자

내게 손가락질을 마라
날 비웃지 말라
마음대로 하라

나 또한 37도의 피를 가진 인간이며
찢어진 옷과 세탁한 옷을
가릴 줄 아는 눈과
내 소리와 너의 소리를
가릴 줄 아는 인간이다

어쩌다 그대의
향 맑은 음성과 미소(微笑)의 눈짓에는
헤어나오지 못해도…
나와 같은 길을 가는 사람이
지구상에 몇 명은 있을 게다.

사랑의 병 · 2

내 생명^{生命} 깎이우는 시간
진달래 분홍 꽃잎 흐드러지던 날
쓸쓸함에 촛불 밝히던 날
코스모스같이 야윈 내 육체를 사냥하려
유령들은 손짓을 한다

위대한 자연 앞에
티끌같은 내 자신이 왜 이리 작아지는가?
그저 반평생 지나면서
울고 떠들고 탄식하며 덧없이 웃다가
결국 형체도 그림자도 없는
그리움에 떨며
생명을 팔아먹는 바보 새 한 마리가
하늘을 보고 운다.

사랑의 병 · 3

어둠 속에 피어나던 박꽃
넘쳐 흘러내리던
젊은 달빛
그 아래 너와 나
빙하라도 녹일 수 있었던 격정(激情)을
꿈꾸며 태운 사랑
가슴 깊이 묻어 간직하자고
맹세했건만
세월(歲月) 지난 그 자리에서
우리는 이슬을 떨구면서
은하계 속에 흘러가는 유성(流星)을 보며
사(死)의 찬미(讚美)를 불렀지!

사랑의 병 · 4

왕매미 소리 높여
정열을 토하는 코러스
여름장미 입술 터지던 날
불혹의 고독이 피를 토한다

젊음을 자랑하던 지난날
홍해를 가르고
요단강을 건너던 용기 어데 가고

왜 옷을 벗지 못하고
왜! 타는 가슴을 사르지도 태우지도
식히지도 못하고 화석처럼 서 있느냐

너여!
달빛 녹아내리는 밤 되거든
빙하의 해저로 몸을 던져라
주검 뒤에 청정(淸淨)한 백합으로 피어나
네 사랑하는 님의 정원에 피어나라
목구멍에 걸친 뜨거운 노래
사랑의 아베마리아!

사랑의 병·5

습기찬 대지
관능을 자랑하는 7월의 젊은 아미월峨眉月
비오동 흐느끼는 가지 위에 날개 걸린 조각달
바람으로 흘러가는 구도자
오늘도 울어 밤새우는가?

모두 잠든 밤
너만 홀로 몸부림하느냐?

태고의 잃어버린 본향 찾아
홀로 광야를 헤매던 사람

심금 적시는 물소리에
심장 팔아먹은 사나이
과부 고아촌에
먼 나라에서 가져온 편지 한 통 전하는 포스트맨

사람들아!
철든 고독의 아픔을 아는가?
33세 피끓는 젊음의 고독을 아는가?
심금을 울리는 밤에 물벌레 코러스
홀로 부르는 노래로 영혼을 채워 보자.

사랑의 병 · 6

뜰 앞에 서 있는 오동나무 자주빛 꽃 같은
내 사랑의 빛은 슬퍼라

그대 향한 그리움에
홀로 눈먼 사슴으로
이젠 아예 사랑한단 말도 못하고
입천정이 붙어버렸습니다

뻐꾸기 반구는 여름을 노래하며
제집을 찾는데
구절초 향기 토하는 시월 오면
내 사랑 돌아오려나

민들레 청초^{淸草}한 잎은 그대 향한 기다림
일편단심 월하망아^{月下望娥}

사랑의 병·7

그대 휘장 속에 내가 서던 날
천상에서 들리던 비파와 소고 소리
"엘리 엘리라마 사박다니"
"다 이루었다" 라는 그 한마디에 역사는 시작되고
그 자학의 무드라 밑에
찢겨 떨어진 성의 조각으로
나는 부끄러움을 감춥니다.

그대의 탄생에서
그대의 수난에서 매맞음에서
죽음에서 무덤에서 부활 승천 재림까지
우리는 철저히 하나
오호라 죽으면 함께 왕관을 쓰고
참으면 왕노릇하는 삶이여 〈딤.후:2:11〉

그대 있으면 황야나 천국이 다름없으리
님과 여기서 천국을 만들지 못하면
그 어디서도 천국은 없습니다

나의 구주, 나의 친구, 나의 애인, 나의 님이시여!
나의 남편, 나의 여인이시여…!

그리고 나의 6月의 불장미여!
하루에도 열두 번 보아도 그리워
아예 나의 호흡 속에 그댈 마시고
나의 심장 속에 6月의 백합을 심었습니다.

사랑의 병·8

정신과 영혼(靈魂)에는 주름살이 없다는
달콤한 유혹의 합리화
젊음이라는 환상의 꽃은
격정의 욕망으로 발버둥친다

오색의 젊음 그 향연
여름을 수놓던 그 산마루에 걸린 무지개의 꿈
손잡고 걷는 천로역정
그 좁은 오솔길에도
서정의 숨결은 가빠오고 있었다

존재적인 근원 그것은 애절한 눈동자
두 개의 지구가 흔들리는
폭풍우 뇌성번개의 격동!

그 뒤에는
영혼(靈魂)의 음률
잡아먹고 싶도록 이쁜 사람 찾아 잠재우는
자장가 한 소절…

사랑의 병 · 9

그대 아시는가?
사랑은 선善도 악惡도 아님을
우리가 하나 되는 것은 나와 네가 없는 절대적인 것입니다

극단의 신神도 없고 극단의 악惡도 없다는 것이지요
그것은 우리네 내부 분열의 투쟁이었습니다
하나=님
하나가 되는 것이 곧 님입니다

님이여 빛과 어둠 사이 삶과 죽음의 골짜기
그 아마겟돈의 터널을 지나서 조화의 에덴으로
밀월여행을 하시지 않으시렵니까?

선악善惡은 상호보완의 존재성
그것은 자연의 섭리입니다
남녀 그것은 창조의 섭리, 밤과 낮 그것도 24시간 하나
해와 달 그것도 하나

우리에게 교도소가 없듯 지옥은 없습니다
전체와 통합할 때 우리는 우주를 볼 것입니다
장미와 백합은 이기심으로 피는 게 아니듯
그대와 나의 만남도
섭리에 의한 은총입니다
60억 인구가 지구의 궤도를 벗어나지 못하듯
우리는 필연적인 동지들입니다
아! 사랑은 곧 가시밭에 피우는 장미의 노래입니다

사랑의 병 · 10

Mary 6月의 장미여!
내 말 잘 들으세요
그대는 어쩔 수 없이 이제 꽃으로 피어난 향기 그 자체임을 아셔야 합니다
그대 사랑의 향기는 가둘 수도 없고 피할 수도 없습니다
향기가 달아나도 그것은 사방에 퍼집니다
당신은 봉사하는 이가 아니라
그저 기쁨에 넘친 나눔이 될 거예요
당신 안의 향과
당신의 에너지를 가두지 마세요
꽃이 피어나는 것은 나누라는 것입니다
독나비는 향을 싫어합니다
예수는 유태교의 반항아였습니다
진리는 오직
사랑은 오직 반항하는 이에게만 다가옵니다
사랑은 평범이 아닌 고난의 불길입니다
이단자들에게만 신은 계시하셨습니다
우리가 한가지 기억할 것은 군중은 동시에 진리를, 사랑을 깨닫지 못한다는 것입니다
손쉽고 편리한 것은
그다지 아름답지도, 보암직도, 먹음직하지도, 갖고 싶지도, 오르고 싶지도, 신비롭지도 않습니다
거짓 사랑은 산아 제한을 모르나
참사랑은 언제나 독신입니다
그 진리는 항상 아이를 낳지 않습니다

그대 역시 처녀성을 지닌 동정녀라는 사실을 아세요?
아! 사랑의 Mary여!
내 눈 속에 그대가 그대 눈 속에 내가 있는 합일의 원리를 아시는가?

사랑의 병 · 11

관음의 미소 같은 송홧가루 허공에 날던 날
짝을 찾는 산비둘기의 울음처럼
발버둥치게 하는 달맞이꽃이여

토방 흙벽 아래 흔들리는 촛불
달무리 지는 밤은 한적하고 고요한데
철없이 흥겨워 날뛰는
개구리 넌놈들의 향연이 질투난다.

소쩍새 피맺히는 밤의 노래는
영혼을 태우는데
왜 우리는 사랑하면서도
머리 맞대고 차 한 잔 술 한 잔을
나누지 못하는가
아~ 눈으로 알아버린 우리들의 죄여!
플라토닉러브의 짜릿한 허망이여!

사랑의 병 · 12

촛불이 흰 눈물 흘리는 절망의 깊은 밤
밤꽃 풋비린내 감도는 산하에
외로운 여인이 한숨으로 말을 전한다

달빛에 안긴 여름밤 생명이 길어
세상을 덮는 어둠의 넋이 뒤척이며
살을 꼬집는다

미보라 가냘픈 꽃잎
그 어깨의 선율
수줍어 부풀어오르는 가슴은 아직도 처녀성
양귀비 같은 붉디붉은 꽃 같은 볼잎은
짙어 가는 사랑의 발산

연자 도는 생명으로 세월을 끌어안고
자취 감춘 정열은
사라진 꿈을 다시 캐는가?

여인이여 솔로몬의 휘장이 보이지 않는가?
강 건너 마을에 포도 원두막이 보이지 않는가?
거리에 사람들아
내 사랑하는 님을 보거든 내가 병이 났다고
꼭 좀 전해다오
몰약 떨어지는 손끝이 보고 싶다고…

사랑의 병 · 13

나의 적혈^{赤血}이 흙에 응고되고
내 모든 잎새가 남김없이 떨어지는 그날까지
당신을 사랑하리

내 영혼^{靈魂}이 하늘 어느 별나라에 달빛 융단 펴놓고
노래를 부르는 순간까지 그래도 사랑해야지
폭풍마저 사랑하고
가시밭 돌짝밭도 먹구름마저도 사랑해야지
모든 피조물
보이는 것과 보이지 않는 모든 것과 하나가 되리
하나도 남김없이 사랑하리

빛도 짓고 어둠도 창조하신 이를 사랑하며
미란^{美蘭}의 개화를 기다리며
나의 정원을 가꾸리
오~ 달빛 받은 여인^{女人}의 가슴이여!

사랑의 병 · 14

어느날엔가
진심어린 눈으로
내가 그댈 조용히 바라보리니
그대도 아무 말 없이 날 바라보세요
그 이상 묘약은 없습니다

오가는 약속은 없어도 돼요
바람이 아무리 매서워도
그대와 내 가슴은
뜨거워만 가고…
불 같은 생명을 안은 가슴을 훔치려
나는 떠납니다

촛불 심지 끝에 춤추는 불나비가 된들
마다않음은
그대와 나의 이 애틋한 가슴이
가을 하늘의 동화로
푸른 가슴들을 적시는 총명한 꽃으로 피어날 것입니다

아! 그대여
물비늘 반짝이는 일몰 저 너머에
영원을 노 저어 가고 싶소
저 붉은 태양의 열기 속으로 용해되고 싶소
당신 손을 꼭 잡고…

사랑의 병 · 15

그대는 밤마다 떠오르는 달님이십니다
석양받던 빛 푸른 초원이 수묵빛 채색으로 물들면
그대는 어김없이 나의 창가에 연등처럼 찬연히 다가옵니다
새들도 소리없이 날개를 접고 둥지로 돌아가고
욕심없는 촌부들도 사랑방에서 도란도란 배꼽 쏙게 웃는데
나는 왜?
장승처럼 어느 하늘을 그리도 바라보는지요
그대 말하셨지요 인생은 어쩔 수 없는 고독한 존재라구요
맞아요 하나님도 고독하시고 예수님도 고독하시니까요
이 어쩔 수 없는 운명의 벽 앞에 흐느끼듯 고행^{苦行}하는
이 법열^{法悅}의 드라마는 언젠가 우리 존재의 대서양에
 연합하여 우주 속으로 사라지는 날 희극처럼 막을 내리련지요
나목처럼 마른 가슴에
젖은 호흡으로 다가오시는 마리아
그 영롱하고 아슬한 목소리여!
전생부터 주려오던 나의 시장기를 깁고 있는 그대는
내가 부르는 이 애수의 송가를 같이 불러주셔야 합니다
아~ 아직도 못다 부른 노래를 적어서
저 하늘에 띄우며
아직도 타오르는 불꽃은 누구의 눈물로 끌 것인가?
장마비 쏟아지는 밤의 빗줄기에 몸을 던질까?

사랑의 병 · 16

그대 진홍(眞紅)빛 출혈
익어 가는 아픔
그대의 그 술 같은 바람기
푸른 가슴들을 불태울 열기

양귀비꽃 같은 정열
소녀 같은 수줍음
스물대는 아픔을 문신처럼 안고 사는
그대의 가슴
나만 아는 꽃이어라

세월의 메콩강 여울목에
고독이 홍건히 밀려와도
당신 이름 내게 있으리 고이 잠들리

사랑의 병 · 17

돌도 삭일 듯 가슴 깊이 파고드는 시장기
지는 일몰 헤아리며
오작교를 기다리는
견우직녀^{牽牛織女}

민들레 꽃잎 하늘에 날아 당신의 별을 찾아
은하계^{銀河界}를 헤매다
흰 미소 품으며 꿈을 끌어안는
계절의 난간에서
타는 목마름으로
여위어 가는 육신

먹피 뿌리는 백지^{白紙} 위의
하얀 밤
당신은 나의 심장을 훔치고
나는 당신의 불을 훔치고…

사랑의 병 · 18

누가
아가페
에로스
스톨게
펠리오를 구별했는가?
"좋소…!"

당신은 위 사랑 중 죽도록 사랑해 본 경험이 있는가?
경험은 과거사다
현재 그렇게 사랑하자
친구를 위하여 목숨을 바친 사랑만이
하늘을 감동시킨다

사랑의 병 앓지 않고 부활을 기다리지 말라
사랑은…
대상을 위해 나를 헌신하다가
어리석게 쓰러지는 것
"그 어리석음이 종교적 이데올로기의 정상이다"

사랑의 병 · 19

창벽에 어둠이 내려앉는
고독이 피를 쏟는 밤
호젓이 찾아오는 물기 젖은 눈동자

사랑의 모순이 엇갈리는 기도
하늘을 부르네
가슴 타는 몹쓸병 차라리 잠들어
뜰앞의 불장미로 태어날까

고독을 알아버린 죄
인생을 어렴풋 알아버린 죄
가슴으로 눈으로 지식으로 알아버린 우리들의 죄여!

환희는 슬픔의 시녀가 되고
군중 속에 내가 사라지는 홀로서기
의사는 환자의 시녀
제왕은 거지의 친구

그대여! 산다는 것이 무엇인가?
사랑이라는 사슬 너머에
무엇이 우릴 기다리는지 아는가?
생명보다 귀한 것은 무엇인가?
오! 태양은 어둠 때문에 빛난다네
그대여 고뇌하라
슬퍼하라 그리하여 더욱 찬란한 눈동자로 거듭나도록…

사랑의 병 · 20
― 가을 느낌

따사로운 태양(太陽) 아래
순결을 태우던 얼굴 능금빛 순정
장미 불타던 날
정열을 교환했었네
움츠려 수줍은 꽃

내 사랑은 산나리 연가
그 가슴 노란 꽃잎 져 내려
섬섬옥수로 물들었으리…

천생(千生)을 그대 정원에 맴돌던 내 영혼
이제 그대 품에서
억년의 휴식을 숨쉬리

이제 우리 사랑
바위 틈 은밀한 반구의 노래여라
낮에는 구절초 향기 토하고
밤에는 귀뚜라미의 코러스 향연

우리네 풍성한 사랑의 열매
시들 수 없는 사랑은
달빛 소나타여라
나의 누이여 오셔요
청사슴의 품으로…

제4부

장바고 선생에게

늦가을 연가

금색 쏟아지는 은행잎
바람에 날으던 비단길
숨가삐 달려
벼랑에 걸린 사랑의 꽃을 찾아…

낙숫돌·1

알알이 떨어져 내리는 빗방울이
처마 밑에서 여행을 한다
어느 죽어간 영혼靈魂의 못다 뿌린 눈물인지
흐느끼다가 부서져 내려간다

너 가는 곳을 내가 안다면
너와 이 밤을 같이 하련만
설움에 겹도록 사무치는 격정激情
하늘에서 유성이 떨어진 듯
처마 밑에 하얀 집이 떠내려간다

대지 위에서 입김보다 약한
바람이 분다
부서져 알알이 맺혀진 서글픈
낙숫물.

낙숫물 2

태양太陽은 그늘지고
마음도 그늘졌다
빗줄기는 육체肉體를 적신다
탄식과 함께 아우성치는
낙숫물…

서로를 부닥쳐 조각나는 슬픔들
가련한 몸들이 탄식한다
그래도 구름은 흘러가고
미움의 긴 그림자 밑에
외로운 육체들이
덩그라니 뜬눈으로 푸념을 쏟는다
뚝뚝 톰방톰방 방울방울 동동동!

마하무드라의 Song

  불길이 아무리 거세어도 태울 대상이 없으면 빙하나 다를 바 없다
  어머니는 아이를 낳고 아기는 엄마를 낳아 주는 순간에 양자 탄생 함수의 신비가 있다
  불 같은 열기 그 고독의 파장은 홀로서기의 프로메테우스가 되고
  대상을 찾아 던지면 사랑의 화산이 될까?
  오호라! 침잠에로 아껴둔 내 생명의 물보라 터지는 날엔 진분홍 피가 되련가?
  영원에서 그리던 통나무집 뜨락에서 촛불을 밝히면
  무조無鳥 한 마리 남김없이 깃털을 벗고 춤을 춘다
  억년의 순결을 지키던 처녀성을 훔치는 불나비 천진하게 헤엄을 친다
  무조의 깃이 움직일 때마다 부신 빛이 발산한다
  하늘에서 들리는 비파소리 고조되는 향연!
  마지막 노래를 듣던 날 장미는 루비를 불태우네
  체취 담긴 술잔에 야수의 심장을 담고 불을 던진다
  벼랑에서 꿈을 따던 사람이여!
  그대는 날 낳았고 나는 그댈 낳고
  나도 너도 없고 생명의 노래만 남는다

  마하무드라! 마하무드라…!

개천 開天

일부만 열어 두자
가슴을…
신비의 섬은
소중히 덮어두자

모두 다 열어 버리면
모두 다 써 버리면
모두 다 녹아 버리면
모든 것을 말해 버리면

그땐
그때는
시장에서 벌거벗고 선
하급 창녀와 같이 될 것이다.

장바고 선생에게

사자 갈기처럼 흐트러진 머리카락
설교인지 성난 짐승의 울음소리인지
거침없이 쏟아지는 말조각들…
시련에 달구어진 무쇠 도끼질
아름드리 고목도 일격에 쪼개 버리는 괴력
그 아래 쉬어가는 이도 많네
중생衆生 구하는 약藥장수
그가 걷는 가시밭길
선혈로 얼룩진 발자욱엔 지혜智慧의 샘이 솟고
그의 말짓에 부활復活한 사람과
그의 술잔에 쓰러지는 사람들이 입이 되어 증언하네
무량겁無量劫을 헤매던 산승 하나
장바고 선생의 호음好音에 머나면 장도長道의 여정이 끝나고
나 오늘 비로소
광명光明을 따라간다네

— 2001. 1. 30. 잠시 쉬어가는 一石거사

2000년 10월 4일 일기

한限 많은 민족의 역사를 지켜보는 밤하늘

그 별빛들이
조용히 흐르는 은하
우울했던 나의 회상回想의 일기는
슬픈 독백을 토하고

낡은 창가에 잎새 떨구는 흰장미는
우리네 사랑
아픔을 노래하네
언젠가 초당 문지방에 비치던
창공의 저 푸른 달빛

오늘 여기
산방山房에 다시 빛나네
밤을 잊고
수런수런 나누던 너와 나의 맑은 사랑 이야기
누가 알랴?
그 맑고 순결했던 골짜기의 물 같은 사랑을…

법산法山 언경言經

1.
나는 아비가 없으니 효도의 의무가 없고
어미가 없으니 자궁을 빌린 적도 없다
족보가 없으니 혈통관계마저 없고
생명의 끝도 없으니 생도 사도 없다
애써 전생을 기억할 필요도 없으니
나의 의식은 휴식이다
극락과 지옥도 필요없다
천국에 대한 소망도 미련도 없으니
온 곳도 없고 갈 곳도 없다
지옥이 없으니 갇힐 곳도 없으며
나는 천국이나 지옥을 건설하지 않았기에
나의 자리는 없다
지금 여기 이 자리에서 숨쉬는 것만으로 족하다
애써 하고 싶은 일도 없다.

2.
마음을 찾는 것, 태어나기 이전의 초의식 이전의 씨앗을
기억하는 것은, 그리로 들어가는 것은,
자기가 존재한 적이 있기에
기억하며 쉽게 들어갈 수 있는 것이다.
진리란 한 사람에게서 출발한다
그 하나가 바로 개체이며 그 자신이다
내면 깊이 들어갈수록 空의 상태 뿐이다
아! 물결과 물…

수면^{水面}의 비로자나 평등의 원리 '우로상설'
사람들이여! 위선자를 찾지 말라
포장된 것은 진실이 아니다
길들여진 것도 역시 아니다
진실은 자연발생적이며 아무런 격식이나 예의나
범절 규범도 없다 가책이나 고통의 주고받음도 없다
주지도 받지도 않았고 그냥 흐르는 물과 휘돌아 나는 구름과 바람 같다
일상적 상식을 뛰어넘으려 애쓰지 말라
당신을 판단할 이는 아무도 없다
당신 자신뿐이다
자유인은 목마르면 마시고 졸리면 잔다.

민들레 명상원冥想院

우리는 여기에 와서
우리 사랑을 말하고
여기에 와서
우리는 진리眞理를 말한다
그러나 벗이여! 오늘 그대 여기에 와서는
그저 근심 잊고 편히 쉬시게
흘러가는 저 강물처럼
노래하는 저 들꽃처럼

우리가 등불 켜고 앉아 수만 권의 시심을 새겨 놓은들
잃어버린 사랑에 대해 무엇을 말할 수 있으며
우리가 우리의 영혼을 송두리째 불사른다 한들
가슴 깊이 흐르는 눈물이야
무엇으로 닦을 수 있으랴?

우리 여기에 와서는 어린 날의 소년 소녀처럼
별빛 마주하며
손톱마다 물들어 있는 옛 이야기 하나
귀기울여 들어봄세
온밤 다 가도록…
온밤 다 가도록…

산중일기 山中日記

고적한 산하에
한 사람 왔다 한 사람 간다
헤어지는 사람들은 한사코 아쉬워한다
길손 하나 배웅하고
손 흔들고 돌아온다

전라북도와
경상남도
어느 곳이 내 영혼靈魂의 진산眞山인가?

하늘이 계시하신 그곳은 어디인가?

밀실에 들어가 또 한번 칼을 갈자
아이들아
제발 건강하게 살아다오
더욱더 평화로운 삶을 위해 아버지는
지금 싸운다
사실은 싸움이 아니지만…
조금만 기다려 조금만…!

* 모든 것을 잃고 지리산 돌고지에서 기도할 때

슈나 = 공^空

태어나기 이전
존재 이전
나라는 의식도 없는 그곳
아무 거울도 나를 비친 적 없는 그 자리가
곧 니르바나의 세계다

그대가 태어나기 이전으로 흘러들어 가라
그것이 깨달음이다

연기가 되는 것
그것이 바로 자유다

자유를 위해 왕관을 벗을 때
자유를 위해 거지가 될 때에
그대는 진실로 왕이 되며 그림자 없는 세계를 볼 것이다.

귀향歸鄕 · 2

이글대던 불의 생명이
서녘 하늘에 붉게 번지면
마른 고목가지 끝에 머물던
햇살 그 투명한 빛도 이내 밤으로 상륙한다
미보랏빛 더운 가슴
항상 우리 곁을 스치는
난향蘭香 진한 감동
세월歲月 지난 어느날
우리는 양지陽地를 그리워하며
그 자리에 피던 꽃을 추억하리…
햇살 따스하던
바로 그 자리에서

자유 自由

자유로운 영혼靈魂은?
일면적 사고방식이나
획일주의적 시각을 첫째로 벗어나
다차원으로 사고하며
참으로
드라마틱한 인생의 신비와 끝없는 생명에 대하여
머물지 않는
순례여행을 하는 자다

그리고 내면 속의 내면에서 들려오는
마음의 소리에 귀를 기울이며

그 소리에 따라 자신을 던진다
그곳에 깊은 휴식과 평정이 피어난다

아무 계획도 세우지 말라
그저 바람의 파장이 이끄는 대로 흘러가라
시간 없는 시간 속으로 시간 여행을 하는 거다

항상 어디론가 떠나는 신비의 밀월여행
얼마나 즐거운가?

삶은 하나의 에너지 통로인 것…
생명은 시들지 않고 나이도 없고
주름살도 없는 것이다.

조화

산다는 것은 음양의 합일
유리하다고 교만하지 않으며
불리하다고 비굴하지 말자
무엇을 들었다고 쉽게 행동하지 말고
그것이 사실인지 인지가 명확할 때
과감히 행동하라

때로는 벙어리처럼 침묵하고
임금처럼 말하고 흰눈처럼 냉정하며
불처럼 뜨거워라

비록 소유가 적어도 태산 같은 자부심을 갖고
서리 맞은 풀처럼 자기를 낮추는 온화한 이를
우리는 사랑한다

역경을 참아 이겨내고
형편이 잘 풀릴 때를 조심하고
분노가 일어날 때 잘 다스리고
때로는 마음껏 풍류를 즐기고
사슴처럼 두려워할 줄 알고
그러나 호랑이처럼 용맹스러워야 하리
치우치지 않는 부동의 마음 자리에서만이
목련꽃 떨기 떨어진 아침의 슬픔은 사라지고
보름달 같은 삶의 원만한 노래가
무드라로 퍼지리!

— 02. 3. 26. 아침

나는 킬리만자로의 표범

킬리만자로의 표범은
생쥐와 싸우지 않는다
의식적으로 죽은(썩은) 고기 먹은 적 없다

봉황은 죽실이 아니면 먹지를 않고
오동나무 아니면 앉지를 않고
계수나무 아니면
잠을 자지 않지!

민들레야 민들레야
슬퍼 마라

너의 시대에 평안함과 은총과
명예와 강건함이 넘치리라.

입동^{立冬} 지나는 밤의 상념^{想念}

위풍 스산한 토방^{土房} 아랫목에
발을 묻고
깜박이는 촛불을 응시하며
나목의 쓸쓸한 노래를 듣는다
영하의 칼바람에
스러지는 민심이 아파 운다
선홍^{鮮紅}빛 상처들
우수^{雨水} 무렵엔 아물까?
삶의 숨결이
인생의 날들이 굴절하며 허덕인다.
그러나
뜨거운 이마의 선혈은 폐허에서도 새움을 틔운다
내 마음 빈터에
그대들 남기고 간
첫서리 내리던 날의 옹기종기 하던 영상…
시퍼렇게 굽이치는
겨울강 건너오는 조춘^{早春}의 호접을 벌써부터 기다림은
노오란 민들레 어서 피워
길손들의 손에 들려주고 싶은 조급한 마음

* 1995년 수도원을 운영하며

창조적 삶

구도자는 생명력을 창조해야 한다
아니 창조자가 되어야 한다
구도자에게 낙심은 금물이다
사실 낙심이란 욕심에서 비롯된다
욕심을 부리면
매운 생고추처럼 오래오래 입안에서
독소의 기운이 돌 듯이
인생을 물들여 그 파장에서 벗어나기 힘들다

텅빈 가슴은 슬픔으로 가득 차고
공백은 상처로 바뀌는 가련한 세대
수백 번 옷을 갈아입어도 탈출 못하는 종들이여

성결이란 존재하면서 주어진다
그것은 돈으로 벌어들이는 것이 아니다
내가 지금 나된 원인을 발견하면 그 물음에 최고의 답을
할 수 있으리라고 암시함으로써 정신분석학^{精神分析學}은…
인간을 더욱 미궁에 몰아넣는다

현대 종교와 철학은 인생의 병을 퇴치하기에 이미 실패하였다.

새벽을 여는 나만의 Narcissism

Narcissism
어둠과 차^{茶}와 sex를, 바퀴벌레 노래기와 사랑을 한다
배설물도 버리기 싫은 CHAOS 혼돈의 세월!
살기 싫어 춤을 추고
죽기 싫어 죽고 싶다
죽고 싶어 기도를 하며 노래를 한다

낡은 창에 성에가 끼는 새벽
자연의 예술은 위대하다
사랑하는
우주신^{宇宙神}이여!

눈먼 세대들 미워도 사랑하겠습니다
먹구름은 비를 내려 고맙고
흰구름은 평화로워 좋고
노을은 황홀하여 좋소
아무것도 아닌 광인^{狂人} 변주곡^{變奏曲} 연주자는
그 누구와 밤술을 마시나?

오! 그러나 그대가 꼭 한번만이라도
기원의 눈이 뜨길 17년 기도하는데
하늘은 잠잠하구나
사랑하는 나의 진돗개여 내일 아침 여명 밝으면
눈길 던지며 맛난 사료 줄께… 짓지 마라.

성자^{聖者}는 특별하지 않다

금욕주의자들은 기쁨을 피하고 아픔에 매달린다
쾌락주의자들은 기쁨에 매달리고 아픔을 피한다
이것은 둘 다 균형을 잃었다
자유란 어떤 주의주장을 피해야 한다
기쁘면 웃고 슬프면 울어라

크시슈나무르티가
라마나마하리쉬를 찾아가서 실망한 이유는
매우 어리석다
그가 방문했을 때에 라마나마하리쉬는
채소를 썰고 있었다 실망해 돌아왔고
두 번째 방문했을 때 그분은 농담집 유머전집을 읽고 있었다
완전히 끝났다
크리슈나무르티는 혀를 차고 돌아갔다

특별한 것은 없다
깨달은 성자도 배설하고 음식 만들고 빨래하고
울고 웃고 화내고 노래한다
헛갈리지 마라.

* 오쇼의 명상록 중에서

꿈속에서 지은 일우스님과 나의 노래

우수 짙은 강가에서
선녀에게 받은 흰 손수건에
눈물과 조계수를 범벅하여 하얀 밤 베개 삼네
굳은 맹세 허물어지는 사나이의 가슴들
이제 치유는 늦은 것 같네
문득문득 보이는 사람 못 잊어
하염없이 흐르는 물결 바라보며 오래오래 서 있는
별도둑 두 사람

한 조각 한가로운 운수승이여!
옥체강건하소서
봉황의 윗다릴 고아 몸을 보양하시고
용의 뿔을 달여 차를 마시고
남으면 환을 지어 복용하소서
금학의 이마 위에 선혈은 삼가하소서

— 98. 1. 17. 새벽

아버지의 사랑

아들을 무척 사랑하는 아버지가 있었다
그는 늘 아들에게 말했다
"내가 너를 얼마나 사랑하는지 알지?"
그러던 어느날 아들이 물었다
"아버지 저 세상에 가서도 저를 사랑할 것입니까?"
그러자 아버지는 말했다
"그럼! 물론 저 세상에 가서도 너를 사랑하겠다"
그러다가 어느날 아버지는 돌아가셨다
세월이 흘러도 아버지는 나타나지 않았고 사랑한다는 말도 듣지 못했다
아무런 소식도 없었다
그러던 어느날
치매를 앓다가 먼저 가신 어머니가 하얀 미소로 꿈속에 나타났다
그러더니 "아들아 내가 널 얼마나 사랑하는지 알지?" 하면서 의사 표시를 하였다
아들은 어머니에 대한 기억은 지루한 치매증 밖에는 기억되는 게 없었는데
어머니는 말하길 "나는 너에 대한 사랑밖에 없다"고 했다
아들은 그 뒤 어머니도 아버지도 다시는 만나지 못했지만 (비록 꿈이지만)
아버지의 사랑을 느낄 수 있었다
왜냐하면 꿈속에 나타나서도 틀림없이 자기에게 무슨 말을 할지 알고 있기 때문이다.

무언자 無言者

알고 싶지도 않네
궁금하지도 않네
말하지 말기로 하세

침묵이야말로
참으로 좋은 화목이며
영원한 자유!
언어란 자기 변명

말을 잊은 벗이여
그대가 이 밤에 오신다면
신선차 神仙茶를 달여서
두 손으로 올리겠네

좁이라는 말을 했다 하여
입에서 향기가 나겠는가!
불 火이라는 말을 했다 하여
입이 뜨겁겠는가!

헛소리·1

소가 두 발로 걷는다
모기가 음매음매
호랑이가 야옹야옹 재롱을 떨며 쥐를 잡는다
물고기는 공중을 날으며
돼지는 바다에서 현해탄을 희롱하며 수영을 한다
비둘기는 사람을 죽이며 닭은 멍멍멍 짖으며
고속도로에서 시속 120km 마라톤 경주를 한다
소는 단상에서 설교를 하며
사람은 호랑이나 사자 곰 맹수에게 일제히 절을 한다
아무도 맹수를 죽일 장사는 없다

신문을 거꾸로 읽는다 글씨가 크게 보인다
기차가 하늘을 날으며
사공은 죽어버려 배는 동지나 해상에서
링반데룽을 한다.
아무도 시간을 말해주지 않는다

개들은 깔깔거리고 웃는다
배우들이 다 죽었다고 뉴스는 떠들어댄다
대낮에 별들은 반짝이며
밤에도 태양은 떠오르며
낮에 내린 이슬은 많은 사람에게
불행한 행복을 안겨다 주고 있다

헛소리 · 2

마누라 몰래 숨겨 놓았던 비자금 오십만 원
배낭에 감추다 들켜 빼앗김
미국으로 망명가서 숨어살까
총에 맞아 순교를 할까
백담사에 가서 염불을 배울까
돌팔매 갈등을 안고 서대문으로 갈까
안양교도소로 가서 독서삼매에 빠져 볼까
아니면 초코파이 몇 상자 받고 군화발로 채이고
방구석에 처박혀 떨고 있는 침묵의 성자 메주 국을 쑤어 볼까
아! 종말이여
그리운 천년 왕국이여
노스트라다무스의 야한 농담이여

― 2004년 문예한국지

헛소리 · 3

· 예수 : 직업은 소금장수
　　　특기는 검투사, 방화사
　　　마음 부한 놈 골라내어 불지르고 죽인다
· 석가여래 : 직업은 포크레인 기사
　　　특기는 안경 만들기
　　　마음 눈뜨인 사람에게 포크레인 한 대와 무소의
뿔 하나 하사한다
· 공자 : 직업은 유치원 원장님
　　　특기는 아이들에게 교과서 빼앗김
· 마호매트 : 젖 배고파 울다 지쳐 일부다처 고추파동
　　　특기는 십자가 전쟁 200년 지휘하다
마이산 옹의 돌고추로 환생한다
교주들의 집합
하루는 시나이산
하루는 영축산
하루는 시온산 아니면 감람산에서
교주 연합 세미나를 벌인다
· 주제 : 전 인류 맹인 만들기
　　　목에서 죽은 피 뽑기
　　　자가용은 UFO
　　　포도주 잔 앞에서 교주님들 한없이 근심하신다

이럴 줄 몰랐는데…
이럴 줄 몰랐는데…

피안彼岸 길

숨가쁘다
마음 길들여 사람 행세하기가
돈 벌기보다 힘들다
詩集이라도 한 권 내고 싶은데…
맺은 인연 길들이기가 후회 안 하기가
사랑하며 살기가
물처럼 바람처럼 살기가
헛갈리고 권태롭다
"에이, 뭐! 옛날 어른들도 다 그랬다더라!"
열반길이라고 찾은 것이 더 깊은 수렁창이 되고
끊어버려도 달라붙는 인과의 덩어리
도道를 찾는답시고 헤매다 뒤 굽 닳아빠진
구두 몇 켤레는 마루 밑에 가지런히 휴식하고 있는데.

하늘은 오늘도 맑아 내 근심을 씻어줄 듯한데
도대체 얼마나 나를 잡아 죽이고 벗기고 잘라야
얼마나 버리고 나누어 주고 넘고 건너고 올라야만
Paradise 해탈촌解脫村이 나오려나?
나로서는 무지無知가 죄罪가 아녔다
아! 어렴풋하게나마
인생人生의 시종始終을 알아버린 게 죄罪다
영계靈界는 멀고도 가까운 것
육척도 안 되는 왜소한 내 몸뚱이 안에서
갠 날 흐린 날의 연극이 '논스톱'으로 강행군한다
오호라! 피안의 세계는 무지無知의 가슴에만 보이는 것

물처럼 도도히 흐르는 세월 앞에
나는 서서 잘 가라고
손만 흔들련다.

— 불교문학지 9호

광상곡(狂想曲)

미친 시골뜨기 사이비 시인(詩人) 압구정동 가다
사람이 많음이여 사람이 많음이여
판결 골짜기에 눈부시게 잘난 년놈이 많음이여
돈도 많고 술도 많고
옥녀도 많고 변강쇠도 많음이여
야타족의 번쩍이는 승용차도 많고
눈침 돌게 잘 생긴 미남미녀도 많다
외색에 젖은 방랑의 눈동자들
어울려 다니는 무스탕 원피스
도시는 휘청거리고 밤은 또 밤을 부른다
뇌파는 마이클 잭슨, 감정은 컴퓨터 환상
에로스에 맞추고 욕정의 바다는 거세게 출렁대고
필로폰 오르가슴에
삐걱삐걱 해골들은 섹스의 마하무다를 후렴 길게 부른다
잠재의식은 지옥에, 무의식은 천당에, 이성은 미로를 헤맨다
미혹의 여신(女神) 해와들은
부룩쉴즈의 아미(蛾眉)를 자랑하며 눈웃음을 팔고
허공에서 요분질을 하며 교주들은 질투를 한다
날이 밝아 태양이 솟는다
선악과는 한 개도 남김없이 따먹고
선악이라는 나무조차 죽어버렸다
현란한 조명이 사라지고 고독도 사라졌다
젊음이 과장하는 허기(虛氣)와
내 마음에 억눌린 뜨거운 침묵(沈默)

그리고 낯설고 차가운 하모니에
나는 허공을 거닐다가
온 세상을 한손에 쥐고서 스스러지도록
뭉개버린다
그리고 어깨를 으쓱으쓱 해 보지만
역시 압구정동의 밤거리에서는
나의 쇼가 중풍환자의 망령일 뿐이다.

— 1999년 불교문인선 9호

오늘의 신화

태초에 침묵이 있었고
로고스는 혼돈의 언덕을 넘어
한 말로 태어났다
형식에 의미가
움직임에 방향이
혼돈에 질서가
주어지는 듯하였으나
말은 곧 수많은 말을 낳고
그 말들은 철조망으로,
가시로 돋아나기 시작하였다
맹수가 뛰노는
텃밭
철조망 밖으로
지구를 뒤덮어 오고 있는
절망의 함성
전쟁
역사는 바보를 동반하고
역사는 무식으로 중무장하고
피 냄새가 아니 나는 데가 없는
땅
시간의 빅뱅, 화약냄새, 비아그라
뭇 정자들의 혹사 속에
신神들의 분노, 상실된 자아가 연신 자살을 하고

오늘의 여의도로 모여드는

수많은 돈키호테들
기공으로 천지를 빚는가 하면
희대의 사기꾼들이 교주로 등단하는
세레모니(ceremony)
지금 국회의사당 앞엔 폭죽이 터지고 있다.

■ 발문

금강(錦江)에서 찾은 영혼의 눈빛
— 장석열 시인의 우주(宇宙) 유영하기

리 헌 석
(시인, 문학평론가, 대전문인협회 회장)

1. 토막(土幕)에 세운 서정의 깃발

　일묵(一默) 임영창 선생께서 1990년대 중반에 대전에 들르셨을 때 동반한 기인(奇人)이 장석열 시인이다. 생활 한복을 입고, 머리를 길게 땋아 내려, 산 속에서 도를 닦다가 방금 내려온 듯한 모습이었다. 얼굴은 건강한 구릿빛이고, 눈에서는 범접 못할 서기가 날카로웠다.
　일묵 선생이 주관하시는 문학 행사에 참여하여 자주 만나게 되고, 그가 문학전문잡지 계간 《문예한국》에 당선하면서 더욱 가까워졌다. 그의 기인적 삶이 투영된 듯, 그의 작품도 일상에서 만나는 시와는 달랐다. 현실을 뛰어넘어 영혼의 대화를 작품으로 빚은 것 같았다.
　일묵 선생을 모시고 그의 집을 방문하였다. 그럴 듯한 시골집이 안쪽에 들어앉아 있고, 담쟁이덩굴이 온통 휘감은 강당

이 대문 오른쪽에 있었다. 대문 왼쪽으로는 객방(客房)이 하나 자리하고, 그 건너 오동나무 옆에 토막(土幕) 한 채가 선방(禪房)처럼 서 있었다.

객방의 벽에는 혈맥(血脈)이 그려진 신체도가 붙어 있었다. 침을 놓을 자리, 뜸을 뜰 자리, 지압을 할 자리 등, 인체의 각 부분들이 세밀하게 그려져 있었다. 장석열 시인은 그러한 그림을 보면서 사람의 질병 치료를 연구하고 있었다. 한때, 그는 금침(金針)에 매료되어 많은 환자들을 돌보았지만, 의료법에 어긋난다는 것을 알고, 모든 행위를 접었다.

토막의 문을 열고 들어가면, 통나무를 켜서 만든 다탁(茶卓)이 있었다. 얇은 화선지만으로 도배를 하여 흙내음이 물씬 풍기는 가운데, 녹차와 효소차를 마시면 세상 번뇌가 사라지게 마련이다. 문 앞의 오동나무는 '비오동나무'라고 하는데, 맑은 날에도 바람이 불면 '사르르' '차르락' 비가 내리는 소리를 냈다.

이 토막에서 그는 시를 짓고, 기타를 치면서 호사를 부렸다. 찾아오는 신도들에게는 기독교, 불교, 철학을 강론하였다. 그러다 녹차 한 잔을 마시며, 서로의 가슴을 나누게 되고, 그러면서 토막에 서정의 깃발을 세웠다.

    인적 끊어진 산방(山房)

    황혼 가고
    어둠 내려
    멀고도 가까운
    그대 찾았네.

    술이 있고
    차가 있네.

달이 있고
바람이 있네.

인적 끊어진 산방(山房)
　　　　　　　　　ー「벗을 찾아」 전문

　장석열 시인의 작품 세계는 약간 난해하다. 정신의 높이와 내면의 깊이가 다양하고, 그에 따른 언어의 쓰임이 다변(多變)하여 실마리를 찾지 못할 때도 있다. 그러나, 예로 든 「벗을 찾아」는 누구나 쉽게 이해할 수 있는 작품이다.

　그는 벗을 찾아 산방을 찾은 듯하다. 벗과 함께 술을 마시고, 차를 음미하며, 달 아래에서 바람처럼 자연스럽게 지낸다. 인적 끊어진 산방에서 맛본 영혼의 즐거움을 그는 세속으로 옮기고 싶었을 터이다. 천국이나 극락을 그림이나 조각으로 재현하는 이치와 같다. 그래서 그는 자신의 고향인 충남 금산군 부리면 어재리 금강 가에 초막을 세우고, 벗을 초대하여 차를 나누고, 술잔을 기울인다.

　이렇게 마음과 마음을 나누다 보면, 세상은 또 저만치서 바람과 달빛으로 맴돌게 된다. 그리하여 그는 기독교 목사이되 기독교를 초월한 채, 운수납자(雲水衲子)와 같은 경지에서 자신만의 색깔로 노래한다.

2. 유랑의 길에서 진리 찾기

　장석열 시인은 천성적으로 방랑벽이 있어 보인다. 젊은 시절에는 고향에서 착실하게 농업에 종사하였지만, 어느 순간에 깨달음을 얻은 듯하다. 그리하여 진리를 구하기 위해 여러 신학교를 전전하면서 신학 공부에 매진하여 전도사와 목사에 이른다.

초대교회 선지자들이 신도를 찾아 진리를 펼친 것처럼 자신도 선교의 유랑에 나선다. 수많은 사람을 만나고, 어느 곳에선가 정착하여 교회를 세웠지만, 그는 또 다른 신도를 찾아 길을 떠난다. 그러다가 마지막으로 정착한 곳이 고향의 금강변이다.

이 곳에 그는 강당을 세우고 선교의 길에 나선다. 그러면서 초대교회 선지자들이 한 것처럼 생산 활동에도 열정을 기울인다. 논농사와 밭농사를 지으면서, 소와 사슴을 양축하는 독농가의 모습을 보인다. 손수 지은 집에서 지우(知友)들과 담론하기를 즐긴다.

다시 방랑벽이 도져 지리산 산방에 터를 잡고 몇 년을 살기도 한다. 그 곳에서 '죽염(竹鹽)'에 대해 배워온 뒤로 울안에 죽염 고로(高爐)를 세운다. 대(竹)를 잘라 그 속에 소금을 넣고, 황토로 막은 다음에, 고로에서 녹이고 굳히기를 아홉 번 해야 죽염이 완성된다. 그 죽염은 소나무 장작으로 불을 때야 한다면서, 그는 매일 장작을 패는 상머슴이 되어 갔다.

이렇듯이 그는 유랑의 길을 떠났다가 돌아오면, 새로운 문물을 실험하게 되는데, 그것에 열정을 다 바친다.

>   뜰 앞에 서 있던
>   매향의 유혹에 취해
>   춘정에 못 이겨 한 가지 꺾었는가?
>
>   흐르던 상처
>   적혈이 응고될 때엔
>   이승에 목메던 부질없는 말장난의 희극이
>   막을 내리겠지!
>   >

> 분홍꽃잎 필 즈음 왜 그리도
> 바람은 많이 불었던가?
>
> 유랑의 정거장엔
> 미완성 사랑의 일기 한 편
> 꽃잎에 섞여 흩날리고 있다.
> ―「꽃잎 지던 밤」 전문

이 작품은 시의 문면(文面)에 흐르는 사실 그대로 수용할 수도 있다. 그렇게 하는 것이 시적 진실에 더욱 가까울는지도 모른다.

시인은 매화꽃이 벙그는 어느 봄에 매화가지 하나를 꺾는다. 가지가 꺾일 때의 아픔도 아픔이지만, 꽃이 필 때 왜 또 그렇게 봄바람은 많이 불던가, 바람에 꽃잎이 흩날리는 것을 보면서 그는 사랑의 일기 한 편을 쓴다. 이런 상황이 겉으로 드러난 문학적 진실이다.

그러나, 이 시를 좀 더 깊이 새겨 보면, [매향의 유혹에 못 이겨] 매화 가지 하나를 꺾는 시인의 내면이 중요한 요소로 기능한다. 그는 이러한 유혹으로 꽃을 꺾게 되고, 이 꽃을 든 채, 세상으로 열린 문을 통과하여 나들이를 반복하게 된다. 많은 사람들이 자신의 삶에 진지성을 요구하지만, 그는 [이승에 부질없는 말장난]처럼 느껴져서 내면의 지향에 몸을 맡긴다.

그는 꽃의 유혹을 이겨내지 못하는데, 설상가상으로 바람까지 꽃잎을 흩날려서 어쩔 수 없이 다시 방랑의 길을 떠나게 된다. 그러기 때문에 그가 멈춘 이 곳은 [유랑의 정거장]이다. 정거장은 완전한 정착지가 아니고, 잠시 쉬어가는 곳이다. 그는 지금 이 정거장에서 [미완성 사랑의 일기 한 편]을 빚는다.

미완성 사랑을 작품으로 빚었기 때문에, 그는 언제 다시 유랑의 길을 떠날지도 모른다. 그렇지만 지금 그는 정거장에 집을 짓고, 아예 정착지로 만들어 가고 있다. 그의 내면이 아름다운 꽃잎처럼 흩날리는 날, 그 꽃잎에 실려 그의 방랑벽도 날아가고 말리라.

3. 자신의 진정성을 찾아서

장석열 시인의 유랑은 깨달음의 과정이다. 그가 집을 나섰다가 돌아올 때마다 새로워졌음을 기억한다. 한때는 기독교 설화에 나오는 '삼손'처럼 머리를 기르고 다녔다. 머리를 길러야 힘이 솟는다는 그의 말을 나는 기꺼이 수긍하였다. 그가 믿는 한, 그것은 사실일 것이고, 그가 말하는 한, 그것은 신뢰할 수 있기 때문이다.

그러다가 어느 날, 삭발을 한 채 나타났다. 옷도 생활 한복이 아니고, 대중이 입는 양복 스타일이다. 새로운 진리를 깨달았다면서, 죽염을 굽고, 장작을 패면서 열심히 살아간다. 때로는 예초기로 논두렁의 제초작업을 하기도 하고, 사슴을 여러 마리로 늘리기도 한다. 강당의 뒷방에는 효소들로 가득한 장독이 여럿인데, 많은 사람들이 구입하기도 하였다.

그러다가 2000년 말에 다시 그를 만났다. 연말을 맞아 자신이 펼쳤던 일들을 마무리하는 때, 그는 갑자기 인도로 떠나겠다고 한다. 떨어지는 잎들이 자신을 괴롭혀서 떠나지 않고는 배길 수가 없다는 거였다. 그 뿐이면 좋겠지만, 그는 고등학교 3학년인 큰아들의 대학입시까지 부탁하였다. 할 수 없이 응낙하고, 서둘러 다녀온 다음에 자녀의 진로를 함께 고민하자고 한 일이 있다.

그러나, 그는 12월이 다 가고, 해가 바뀌고, 1월이 지나고,

다시 2월이 지나도 오지 않았다. 그의 아들은 여러 대학에 원서를 제출하였는데, 그 중 한 대학에 합격을 하고 입학하였다. 그는 봄이 다 지날 무렵에 돌아왔지만, 커다란 충격에 의해 다시 지리산 자락으로 떠나는 거였다.

그러다가 가을이 시작될 무렵 돌아와, '살아야겠다'는 의욕을 보이며 '흑삼(黑蔘)' 개발을 하겠다고 나섰다. 여러 사람을 만나고, 연구소 건물을 짓고, 완전히 탈바꿈한 자세를 보이면서 사람도 달라졌다. 그는 또 다시 새로운 깨달음에 가슴 벅찬 모습이었다.

> 달빛 부서지던 날
> 영혼(靈魂)을 빼돌려 버리고
> 껍질 뿐인 육신마저 허물어지고
>
> 기우는 달 아래
> 뜻 모를 기다림은 멈출 줄 모르는구나!
>
> 시계바늘 소리조차 무거운 고요
> 내 안에 일어나는
> 수묵빛 물보라
>
> 흐르는 사념의 바다 위에 띄워 보내는
> 연가(戀歌) 한 소절
>
> 오!
> 나는 빈 꽃대궁…
> 빈 꽃대궁…
> ―「월하망아(月下望娥) 2」 전문

그는 지리산 자락에서 많은 깨달음을 얻은 것 같다. 달빛이 부서지듯이 자신의 영혼마저 사라지고, 그의 껍질과도 같은 육신의 희로애락(喜怒哀樂)마저 허물어 버린 후에, 그는 자신의 존재에 대해 깨달은 듯하다.

그리하여 불교의 선시에서 볼 수 있는 깨달음의 독백을 남긴다. 〔기우는 달 아래/ 뜻 모를 기다림은 멈출 줄을 모르는구나!〕라고 고함칠 수 있는 사람은 깨달음에 이른 선승(禪僧)의 경지에 다름 아니다. 자신 안에 일어나는 수묵빛 물보라를 깨닫는 순간, 그는 스스로 〔빈 꽃대궁〕이라는 경지에 이른다.

그리하여 그는 자신의 체면이나, 스스로 소중하게 여겼던 온갖 현실로부터 벗어날 수 있게 된다. 그리하여, 형이상학적(形而上學的) 진리에 매달리던 그가 형이하학적(形而下學的) 현실에도 집중하게 된다. 스스로 텅 빈 꽃대궁이라는 경지의 허물을 벗어버리고 완전히 변태(變態)와 우화(羽化)를 거쳐 다시 태어난다.

그리하여, 이상에 치중하던 그의 삶은 이상과 현실의 조화를 찾게 되고, 그와 함께 '흑삼' 연구의 결과물이 생산되어 다중에게 판매하게 된다. 그리하여 그는 현실에 뿌리를 내린 철학이라는 새로운 지표를 형성하기에 이른다.

4. 정착의 깃발도 아름답다

장석열 시인은 두 아들과 함께 성실한 삶을 가꾸며 산다. 그러나 그를 볼 때마다 조금은 빈 구석이 있어 보였다. 좋은 배필을 맞추어 주어야겠다는 생각을 하고, 몇몇이 걱정을 하였지만, 그것은 참으로 어려운 난제였다.

그런데 2004년 봄에 말끔하게 양복을 입은 그가 나타났다. 그를 만날 때마다 그의 모습이 바뀌고, 모습이 바뀔 때마다 놀라운 일들을 경험했던 나는 반갑게 맞이했다. 꽃이 싱그러운 계절에 조용히 결혼식을 올리기로 했다는 거였다. 아무에게도 청첩장을 돌리지 않고 단출하게 산사에서 결혼식을 치룰 것이니, 시간 있으면 형님이나 다녀가라는 거였다. 그래서 박승범 시인과 노금선 시인, 이렇게 셋이서만 조용히 그의 결혼식에 참례하였다.

신랑은 기독교 목사이고, 주례는 산사의 주지 스님이다. 축시 낭송은 노금선 시인이 하고, 축하 연주는 임동창 뮤지션이 맡았다. 그야말로 종교적 화합과 예술의 하모니가 빛나는 일대 장관을 이루었다.

> 전생부터 주렸던 나의 시장기를 깁는
> 그대 내 사랑
> 관음의 숨결 젖어오는 이 보광의 후광 받으며
> 멧비둘기 노랫소리 들리는
> 그대와 나의 삶터…
> 존재의 근원에서 우리는 하나 되었다.
> 거역할 수 없는 이 성스러운
> 영혼의 지성소에서
> 나는 나의 사랑 나의 신부
> 그대 위해
> 그동안 남겨 놓았던 심장 한 조각을 바치며
> 神이 질투할 사랑의 세레나데를
> 숨결마다 바치노라!
> ―「나의 사랑 나의 신부」 일부

세상의 어느 신랑이 이와 같은 사랑의 맹세를 노래할 수 있을까. 이는 장석열 시인만의 세레나데요, 사랑의 찬가라 하겠다. 그는 신부를 향하여 〈5월의 여왕으로 오시는 그대〉라고 찬양한다. 세상을 떠돌던 그가 '그대'에게 돌아갔고, 먼 이국에서 공부하던 '그대'가 시인에게 돌아온 것을 그는 부처님의 인연(因緣)으로 수용한다.
 이렇게 시인 장석열과 팝송 가수 유미경은 한 지붕 아래 둥지를 틀게 된다. 완전한 자유를 추구하던 촌스러운 시인과 외국에서 팝송과 성가를 전공하고 돌아온 도시의 여인이 만나는 것은 일견 부자연스러워 보였던 것도 사실이다. 그러나 서로 다른 세상에서 살던 상대를 이해하고, 상대의 빈 곳을 서로 채우기 위해 노력한다면, 이보다 더 잘 어울릴 수 있는 배필이 어디 있으랴.
 이렇게 시인은 자신만의 성채에서 아름다운 신부와 함께 시심(詩心)과 음악을 나누면서 행복하게 생활한다. 이를 옛 사람들은 그림 같은 정경이라고 일렀으리라.

5. 조화의 눈빛은 향기롭다

 장석열 시인을 찾던 늦봄에도, 그의 촌가(村家) 앞으로는 여느 해처럼 맑은 금강이 흘렀다. 바람이 불면, 산 전체를 덮으며 송홧가루가 노랗게 날렸다. 바람이 멎으면, 언제 그랬냐는 듯이 맑은 고요가 쌓이는데, 그 사이 산새 울음이 적요(寂寥)를 깨뜨린다.
 강가에는 낚시를 드리우고 세월을 낚는 가운데, 그의 초막(草幕)에는 찻잔에 마음을 나누어 마신다. 비오동나무에서는 '사르락' 빗방울 듣는 소리가 심금을 울리고, 머리를 들어 하늘을 보면, 파란 바탕에 산새 몇 마리가 그림을 그린다. 그런 가운데 시간과 공간을 잊을 때가 있다.
 그러나 이러한 만남 이후에 태초의 고독이 그를 감쌀 때가 있다. 찾아오는 사람도 없고, 지인(知人)들과 연락마저 두절일 때, 그는 원초적 고독에 젖기도 한다. 그 고독 속에서 존재의 의미를 찾으며, 유유자적하는 면모를 보인다.

고즈넉한 저녁
찻잔에 별들이 떨어진다.
바람도 불지 않고
뒤안에 댓잎도 움직이지 않는다.
개도 짖지 않고
전화 한 통 오지 않는다.
자정 너머까지
죽음 같은 고요만이 흐른다.
친구 생각도 술 생각도
여자 생각도 없다
모든 존재가 다 시시하다.
꿈속의 꺼져 가는 고독의 뒤안길을
조용히 묵상하며
차 한 잔의 향내 속으로 젖어든다.
—「무(無)의 향기 2」 전문

  그는 차 한 잔의 향내에 젖어 자연 그 자체로 존재하고자 한다. 찾아오는 사람을 환영하고, 돌아가는 사람을 배웅하며, 운수납자(雲水衲子)와 같은 경지를 지킨다.
  아름다운 금강이 있고, 금강 가에 자리한 그의 초막에서 차 향기가 흐르는 한, 그는 이제 고향에 정착하여 아름다운 여생을 보낼 듯싶다. 물 흐르는 소리에 귀를 씻고, 흐르는 구름에 눈을 쉬면서, 아내의 고운 손을 잡고 따뜻한 정을 나누며 살 것 같다.
  그런 믿음과 기대로 그의 삶에 대한 부분적 정리와 작품 기행을 마친다. 다만, 그가 심혈을 기울여 빚어낸 작품들보다는 쉽게 이해할 수 있는 작품을 중심으로 소개했음도 밝힌다.

無의 향기

장석열 시집

발행일 / 1쇄 2005년 10월 8일
2쇄 2009년 6월 30일
지은이 / 장석열
발행인 / 李憲錫
발행처 / 오늘의문학사
대전광역시 동구 삼성1동 125-6 한밭오피스텔 401호
Tel(042)624-2980 Fax(042)628-2983
http://www.munhaksarang.or.kr(홈페이지)
http://www.cafe.daum.net/gljang(글짱카페)
✉hs2980@hanmail.net
등록 / 제55호(1993년 6월 23일)
ISBN 89-5669-153-3
값 6,000원

*잘못된 책은 바꾸어 드립니다.